BUNKO

中国・中国人の品性

宮崎正弘
河添恵子

WAC

はじめに　「第二次朝鮮戦争」が勃発する秋《とき》

宮崎正弘

この本の対談相手は昨今、保守論壇で活躍めざましい河添恵子氏です。

彼女と知り合ったのはもう四半世紀ほどの昔、共通の台湾の友人だった故陳絢暉《ちんけんき》氏（「友愛」グループ初代会長）を通してでしたが、軍事ジャーナリストの井上和彦氏と同席する機会が多かったように記憶します。

台湾の広報官だった張超英《ちようちようえい》氏が急逝したおりは追悼会にあわせて伝記の邦訳も手伝って貰いました。河添さんは世界中の教育現場を飛び回ってシリーズを数十冊も編集されており、そちらの方面で超多忙とばかり思っていたら、じつは中国が得意分野。それもそのはず大連、北京留学組でした。

春先に『週刊現代』（二〇一七年四月二十二日号）で「中国人は中国人が一番嫌い」という緊急対談を依頼され、これを読んだ多くの読者から「面白かった。是非、話題を拡大して単行本にしてほしい」との要望が寄せられました。そのことを旧知の『歴史通』編集長の仙頭寿顕氏に話したところ、この小冊子が上梓の運びとなりました。

さて対談後も第十九回党大会を前にして中国の動きが急です。

とくに米中関係が対北朝鮮への対応をめぐってトランプ政権の姿勢に大きな変化が見られ、空気が不穏。緊張感が膨張しています。その間に挟《はさ》まれた日本はいよいよ国家安全保障上の覚悟を決めなければなりません。

本書でも述べたようにアメリカは中国人の気質をわきまえているようで実はまったく知らない。ですからその行動予測が出来なかったという点で、日本外交の不作為と似ています。しかし情勢は激変しているのです。

第一に米海軍高官が「大統領が命令すれば中国への核攻撃も辞さない」と発言を繰り出しています。これは米太平洋艦隊司令官のスコット・スウィフト提督（当時）が豪国立大学安全保障セミナーで警告しました。

七月二十七日、オーストラリア国立大学で開催された安全保障会議において質問に答えるかたちでスウィフト太平洋艦隊司令官は「仮設の質問であることを前提に、もし大統領命令が下されれば、我々は来週にも中国への核攻撃を行う」と回答したのですが、このセミナーは米豪合同軍事演習を終えた時点で開催されたものでした。

豪の北西部沿海、ＥＥＺ（排他的経済水域）海域内で行われた米豪軍事演習には中国のスパイ船が多数、観測のために付近を航行していたことに関連があるのでしょう。米軍は空母ニミッツとロナルド・レーガンを筆頭に三十六の艦船が参加し、航空機は二百二十機、合計三万三千人が訓練を行いました。大規模な演習です。

彼は「アメリカの憲法に従い、軍はシヴィリアン・コントロールの下にあり、大統領が命令すれば、その通りにするのが軍の任務だ」と軍隊の規律を確認しつつ、「豪のＥＥＺに中国軍の艦船がはいっていることは国連海洋法でみとめられており、ハワイ沖の軍事演習でも中国の観測船が這入り込んできている。問題は米海軍が同じことを中国のＥＥＺで行おうとすれば中国が反対することである」と付け加えています。

アメリカでは憲法の範囲内の発言であり、問題視されていませんが、中国のメディアは大騒ぎをしていました。

第二にＣＩＡ分析官のマイケル・コリンズ（東アジアセンター副局長）が「ロシアより

中国がアメリカの敵ではないのか」と発言しています。

ところが米議会は、七月下旬、米下院はロシアへの制裁強化法案を四百十九vs三という圧倒的多数で可決し、上院も九十八vs二という圧倒的多数をもってロシア制裁案を可決してしまった。トランプ大統領がフィンランド訪問中という留守を狙ってマケイン上院議員が議会に復帰し、共和党の空気を変えたのです。ただしこの「ロシア制裁法案」は、北朝鮮制裁とイラン制裁を一緒くたにした巧妙な戦術でした。プーチンは直ちに反応してアメリカ大使館ならびに駐ロシアのアメリカ人外交官、職員等七百七十五名の退去を求めると表明しました。

コリンズは「中国の軍事的脅威はロシアに勝っている」とコロラド州アスペンで開催された専門会議で発言しています。

「ロシアが障害というより、中国の軍事的脅威がはるかに勝っており、アメリカはすでにロシアとは安全保障や、軍事力削減で話し合いを行い、いつくかの協定も実現している」

彼は続けて「世界の紛争地域（ウクライナなどで）でロシアがアメリカの秩序に異なる方向からの行動を取っているのは事実だろうが、同時にロシアは米中の緊張が強まり長期化することを望んでいる。中国はアジアに於ける安定がアメリカの秩序によって維持されてきたことを知悉《ちしつ》している。その過去四十年に於けるアメリカの安定秩序を簒奪《さんだつ》しようとしているのが中国だ。いやアジアばかりかジブチでは米軍基地のとなりに中国軍の基地を建設し、世界中で、米軍による秩序を奪おうとしているのだ」と。

さらに論調は激しくなります。

「中国が問題なのは民主主義国家ではなく、国内が不安定このうえないことであり、しかしながら彼らも地域の安定を望んでおり、対米関係を重視している。したがって南シナ海における一連の軍事行動は周辺国家からの反対、妨害、反中国感情の爆発など、過去数年において新しい経験、局面に直面しており、その一方で中国は国際社会の反撥にも拘わらず南シナ海で、かれらの望み通りの変化を遂げられれば世界のほかの地域でも同じ結果を得られると過信しはじめている」

アメリカは自由航行作戦を展開する程度であり、中国は増長し、南シナ海における中国主導の秩序構築（つまり地域覇権の確立）という軍事野心と戦略目標はうまくいくと踏んでいるのです。

コリンズは次のようにまとめています。

「中国は核心的利益の範囲を『国内と台湾』から『南シナ海』へと拡げた。中国は教訓的実践を展開し、アメリカとは或る程度の緊張を持続させつつ、東アジアにおける影響力の増大を徐々に深化させる方向にある」

相手の長期的戦略をよく吟味して米中関係の構築、改編、つまり中国はどこまでやるとアメリカを怒らせるか。そのリトマス試験紙が北朝鮮をめぐる中国の次の行動で試されることになるでしょう。

中国はアメリカとその同盟国が北朝鮮の行動に神経をとがらせ、行動が制御されると計測しており、中国にとって北朝鮮は利用価値の高い戦略的緩衝地帯です。まさに本書で問題にした「厚黒学《こうこくがく》」を地でいっているわけです。

アメリカの貿易と通商に関する中国論はあまりにも楽天主義的であり、軍事的方面に視点を移して警戒を強めるべきではないかと、ＣＩＡが警告するのです。

第三は国防総省（ペンタゴン）からの警告です。

次世代ＡＩ開発にアメリカは向こう三年間に百八十億ドルを投じ、軍事ロボットを開発します。そこから民間転用できるテクノロジーは医療、介護、自動運転などに使われるだろうと言われていますが、このアメリカの「最先端ＡＩ技術を中国から守れ」と内部文書が警告しているのです。

ＡＩ研究開発のメッカはカリフォルニア州のシリコンバレーです。ここで展開されている合弁、ベンチャー・キャピタル、企業買収、株主参加など巧妙な手口で中国が浸透しており、すでに二十九社が中国資本となんらかのアクセスがあります。

ペンタゴンは内部報告をだして、「いかにして中国のアクセスを阻止できるか」、緊急に対策を講じるべきだと警告しました。

アメリカでは「先端企業、とりわけ国家安全保障との係わりのつよいところへの外国の買収を認めない」ように監査するＣＦＩＵＳ（外交資本審査委員会）がありますが、「企業買収」の形態を踏まえず、また新分野であるＡＩの研究開発という最先端テクノロジー防衛に関して具体的な監査機関がありません。

「アメリカに開発させて、その成果をごっそりいただこうとしている」と、中国ならびに他の敵性国家を警戒してきたアメリカですが、シリコンバレーは、そうした危機意識が薄く、就中《なかんづく》、ベンチャーへの資本導入には国籍を問わず熱心な技術者、学者、企業家が目立ち、シリコンバレーは政治思想的にはリベラル一色。トランプ政権を支持する企業家やビジネスマンはことのほか少数です。一例として「カンヨン・ブリッジ・キャピタル」という怪しげなベンチャーが「ラティス半導体」(オレゴン州ポートランド本社)に買収を仕掛け、途中で世論の反対が出て退けられました。この怪しげなベンチャーファンドは中国系でした。

こうして中国がAIならびに先端軍事技術、暗号技術の取得のために、アメリカに投下した金額は九十九億ドルに達すると見積もられ、先端企業に浸透する中国スパイ、無節操でカネに転びやすいアメリカ人専門家などが秘密のネットワークを地下組織的に構築したと見られています。

こうした中国の動きを、トランプは苦々しくおもっていることは事実ですが、ホワイトハウスが混乱し、メディアは毎日フェイクニュースを流してトランプ攻撃に余念がありません。

さはさりながら、この未曾有の窮地を脱出する起死回生の秘策とは、いうまでもなくアメリカが単独で北朝鮮へミサイル攻撃をかけることでしょう。その時、北の保護国である中国がどうでるか。日本とて無傷でいられるわけにはいかない。東アジアにおいて危機は深化しています。本書が、近未来予測の材料として読者の一助となれば幸いです。

中国・中国人の品性

◉目次

編集協力／小檜山隆
装丁／WAC装幀室（須川貴弘）

第一章

「躾」「忖度」「惻隠の情」という概念がない中国

自分以外は敵

宮崎　日本人と中国人を分ける際、日本人には「良い人」と「悪い人」がいる。中国人には「悪い人」か「もっと悪い人」しかいないってよく冗談で言うんですよ。ともあれ、いま中国人の個人旅行や団体客が夥《おびただ》しく来ているのを日本人が見て、みんな呆《あき》れるのは、子供の躾《しつけ》がまったくなってないということ。「なぜでしょうかね?」とよく聞かれるのですが、そもそも日本語の「躾」という意味での漢字が中国にはない。中国語にも「躾」とは古い昔の大きな辞書を見るとありますが、普通の中国人がその字を見ても、あれは体が美しくてもの凄くエロティックな想像しかしない(笑)。

ついでだから言っておきますと、嘘《うそ》ね。中国語の「嘘」という漢字に日本語の「嘘」って意味はないでしょ。あれなんて発音するの?

河添　シー。

宮崎　シーだよね。だから「お黙りなさい」っていう意味しかない。日本だと、「シー」は「静かにしなさい」という意味でしかない(笑)。日本で言う「嘘」というのにあたる中国語は何ですか。いろいろあるけど、詐欺師《さぎし》の「詐」に「話」と書いて詐話師《さわし》、詭弁《きべん》の「詭」に「話」って書いて詭話師《きわし》。他にどんなのがあります？

河添　中国語ですか？　騙人《ピエンレン》かな。騙《だま》す人。あとは謊話《フウアンホウア》とか。

宮崎　だからそういうふうにまず一衣帯水《いちいたいすい》（狭い川や海峡をへだてて近接していること）とか同文同種とか、さかんに日本人と中国人は共通する文化があると礼賛《らいさん》する人もいるけれど、それは間違っている。言語感覚、習慣、文化などの価値観がまったく違いますからね。

河添　日本人とはまるで異なる方々だと北京へ留学して間もなく、つまり三十年近く前に感じたのですが、その感覚を現在に至るまで更新し続けています。二〇〇七年末に上梓した『中国人とは愛を語れない！』（並木書房）に書いたのですが、中国で購入した日中辞典には、「躾」の意味として「教養」「教育」などと記されていました。

宮崎　かなり違うんじゃない？

河添　はい、二十数年前、そもそも辞書で調べてみた理由は、「躾がない方々」と感じたからです。で、やっぱり！　と思ったわけです。中国の親子関係には躾が存在しないから、ああなんだ、こうなんだと。たとえば西洋社会の親子だと、お年寄りが電車に乗ってきたら「席を譲ってあげなさい」とママが子供に耳打ちしたり、スーパーで棚からモノを落としたりしたら、「拾って元の場所に戻しなさい」などと諭《さと》したり、そういった光景に出合うことは頻繁《ひんぱん》にあります。ところが、中国人の親子関係において、この手のやり取りを見たことは、あったかなぁという程度です。

ニュージーランドでの一年前の出来事ですが、ホテルのバイキングで朝、私がサラダをお皿に盛っていたら、中国系の四、五歳の女児がExcuse me!と、私をきつい調子で睨《にら》みつけるんです。「どけ」ってことだなと思い、わざとゆっくりサラダを盛っちゃった（笑）。要するに、世界の中心が自分なのでしょうね。大人しく待っていれば、「はい、どうぞ」って先にトングを使わせてあげるけれど。その後、母親も見かけましたが、ふてぶてしいオーラ満載で、その女児の二十年後が透けて見えました（笑）。

宮崎　CNNの記者を相手にするトランプみたいだな（笑）。トランプは手におえない悪ガキだったから、父親が無理やり軍隊の学校に放り込んだんだよね。

河添　トランプさん、寄宿舎学校のタコ部屋生活で、リーダーにまで昇格したそうですから、意外にストイックで、少なくとも規律は重んじてきたのかなと思います。

それから、やはり中国で買った中国語辞典には、「文明」の対義語に「野蛮《やばん》」と記されていました。中国人のDNAには「躾」という概念がないために、いまだ「文明」を持てず、多くが野蛮なままってことかしらと思いました。だから人前でゲロゲロペッと痰《たん》を吐いたり、食事の席でも手で口を押えることなく、咳をゲホゲホやったりできるのでしょうね。

躾とは、親から子へと代々受け継ぐ家訓みたいな要素や、礼儀作法とか、我が家のレシピ、つまり〝お袋の味〟の伝承や、お裁縫《さいほう》、茶道とか、日本や地域の伝統風習とか、公共心に根付いた社会的要素など、いろいろ含まれていると思います。日本の良き家庭は、江戸時代から娘でも教育を受けてきました。杉本鉞子《えつこ》氏の『武士の娘』(ちくま文庫)はその典型です。一八七三年、長岡藩の家老の家に生まれた彼女は、結婚してアメリカに行きますが、「武士の娘」としての教養、躾がアメリカでも通用しました。

宮崎　ただ、着付けとかお茶とか、いちおう一般教養として日本のいまの女性もそれなりに学ぶ風潮はあるけれど、学んでない女性のマナーの悪さというのも、これまたアメリカの先を行っているんじゃないかと思うぐらいだけどね。電車の中で化粧するなんて、欧米じゃ売春婦のすることだから。ただ、それはまだ少数でしょうが……。

河添　それでも他人に迷惑をかけてはいけないとか、世間さまとか、他者を気遣う習慣、その空気は日本人の大多数にあると思います。トンデモ人間のニュースは報じられますが、それは少数派だと信じています。

中国は文化大革命時代（注1）もそうでしたが、親子が無残にも切り離されました。しかも、「親が毛沢東《もうたくとう》（注2）批判をしていたら、教師に密告するのが正しい」なんて、チンピラ共産党員に洗脳されたりもしたわけで、親子関係そのものが危機的状況にありました。

注1　文化大革命　一九六五年秋に毛沢東によって発動された。封建的文化、資本主義的文化を排斥し、社会主義的文化を創生しようというスローガンの下に行われた文化啓蒙《けいもう》運動の総称。毛沢東は青少年を〈紅衛兵《こうえいへい》〉に組織して、富裕な事業家、大学教授、芸術家、医者などの知識人を徹底的に弾圧した。一九六六年から一九七六年まで「革命」の嵐は中国全土に吹き荒れ、死者は数千万人に及ぶといわれる。一九七六年九月の毛沢東の死によってこの運動は終わりを告げたが、この「革命」の実体は、毛沢東ら共産党指導者の権力闘争であった。

注2　毛沢東　一八九三〜一九七六　湖南省《こなんしょう》の中農出身。長沙《ちょうさ》の師範学校に学び左翼運動を実践、北京大学図書館に勤務し、そのころマルクス主義を知る。一九二一年中国共産党創立に参加。一九三一年江西省瑞金《こうせいしょうずいきん》で中華ソビエト共和国を樹立、その臨時政府主席となった。一九三四年長征、

拠点を陝西省《せんせいしょう》に移す。日中戦争時の一九三七年には国共合作して抗日戦を指導。第二次大戦後、蔣介石を倒して国共内戦に勝利。一九四九年中華人民共和国を樹立して初代国家主席となる。一九六六年文化大革命を起こして、中国を混乱の渦に巻き込んだ。死後、この革命の実態は、権力争いに過ぎなかったことが明らかになった。

プライスレスは存在せず、すべてがコスト

宮崎　中国でいま使われている簡字体だと「愛」が「爱」になる。「心」がない「愛」なんですね。「雲」は、「雨」のない「云《くも》」。義理や正義の「義」だって「义」になる。「我」がないんだ。「我」がない「義」。こういう簡体字《かんたいじ》というのは、そういうふうに元の漢字にあった大事な意味を省くために作ったと思いますか。

河添　ナルホド！　そうかもしれませんね。中国の一般的な家庭にも何度かお邪魔したことがありますが、親子の会話は勉強に関することばかりでした。小学校の低学年から朝七時過ぎには学校に登校して、四時か五時に帰宅します。宿題をして、夕飯を取って、また宿題をして寝て起きてを更新する日々です。週末は習い事と塾三昧です。

しかも朝から晩まで〝着たきりスズメ〟。学校のジャージ姿でいます。帰宅して手や顔を洗ってうがいをして、部屋着に着替えてとか、シャワーを浴びてとか、そういった少なくとも私の家庭では当たり前だった生活習慣は見受けられませんでした。

食卓での会話にしても、「背筋を伸ばしてお行儀良く食べなさい」とか「言葉遣いが悪いですよ」といった類はなく、「今日は楽しいことあった?」「〇〇ちゃんと仲良く遊んだ?」といったリラックス系ワクワク系にも乏しく、だいたいが「テストは何点?」「英単語は暗記できた?」など即物的な質問なんですよね。

呪文のように「好好学習《ハオハオシウエシー》(しっかり勉強しなさい)」と唱える親たちの関心事は、子供の成績以外は仕事でどれだけ稼げるかだけ。成金家庭や片親家庭だと、新生児でも保育園に預けたり、小学生から寄宿舎学校に預け入れたりしますから、肌感覚からして親の愛情が欠落している人民が増え過ぎてしまったのではと思うわけです。「親」も「我」も育たないですよね。

それでなくとも、長年の一人っ子政策により、兄弟姉妹やいとこもおらず親子以外の血縁関係に乏しい大人も増えているわけです。

宮崎　寄宿舎というのは、イギリスのパブリックスクールだと躾なんか厳しいものがあるけど、中国の場合はどうなの？

河添　厳しいというよりは、ただひたすら勉強勉強。あとは朝昼晩、バランスの偏ったメニューを食べ続けます。食事に関しては学校側が必ずしも悪いわけではなく、自分の好きなものをよそって食べるビュッフェスタイルだと、子供たちのお皿には肉、肉、肉……。野菜はスルーしますからね。

寄宿舎学校に子供を進学させた親は少なからず、娘や息子をいかに学費の高い学校に入れているかを自慢します。英才教育ブームにバブル景気が拍車をかけた二〇〇〇年代前半の話ですが、ある調査結果で「暴利市場」のワースト二に「子供市場」がランクインしていました。つまり「親たちの財布が大きく開く市場」という意味です。

成績や進学面で何かしらの便宜を図ってもらおうなどとヨコシマな考えを持った親が、校長や担任、教育関係者へ心づけを支払うことも日常茶飯です。高校入試で数千～数万元を支払い、ゲタをはかせてもらい希望校へ入学するケースもあります。薄給の教師たちにとっても、特別ボーナスや袖の下を含めた副収入こそが主たる収入源となっているわけです。

親にとって子供は〝金の卵〟ならぬ〝金（カネ）の卵〟だからです。投資物件みたい

（笑）。プライスレスなものは存在せず、すべてがプライス、そしてコスパなんです。

宮崎　コストパフォーマンスか。

河添　中国共産党の幹部の子女も、高校生か大学生、大学院生になるとアメリカやカナダ、オーストラリアなど、主に英語圏に留学しますよね。だから中華料理をムシャムシャ食べること以外で、中華文明の特質というのは「他人に騙されるな」、いわば「財産を奪われるな」くらいなものかと。

宮崎　なるほどね。学校の送り迎えは、たいそうな甘やかしとばかり思っていましたが、あれは誘拐防止の意味もあります。ところで家族、親を敬《うやま》えというのも教えないの？

河添　あるのかなぁ？　共産党の教育は、偉大な共産党を敬えってことでしょうからね。

宮崎　儒教の精神は死んだということですね。都市化が進んで、良い雇用先が都会しかなくて、かなりの中国人家庭は子供を田舎の祖父母に預けることも多い。田舎のおじいちゃん、おばあちゃんもそんな教育しかしてないわけだ。そこのところも日本と異なります。

河添　両親以外、祖父祖母が双方生きていれば四人いるわけで、六人の大人が子供（孫）一人を育てる構造になっています。で、子供は〝小皇帝サマ〟ってことですから。

中国の教育は暗記中心

宮崎　結局、日本と中国の教育は制度が違うけれど、中国の教育が力点を置いているというのは、いまでもやっぱり科挙の伝統のように暗記中心ですね。

河添　そうです。これは世界の教育を長年取材してきて思うことですが、中国の場合は簡略化されたとはいえ漢字、すなわち簡体字を覚えなければなりません。筆記ができなければ、テストで高得点をマークできません。思考力よりも、まずは反復練習による暗記となります。

宮崎　小学校でちなみにいくつ漢字を覚えなきゃいけないの？　日本の企業人たちが付き合う中国人というのは、欧米か少なくとも中国の大学を出ているでしょ。そうすると彼らはボキャブラリーとしては、どれぐらいの漢字を知っているんだろうな。

河添　エリート候補が通う重点小学校と、農村部の小学校とはかなり差がありそうですが、二千五百字前後のようです。

宮崎　そんなに少ない？　四十年ほど前に加瀬英明さんと台湾取材に行った時、文部大臣に会ったことがあって、その時に聞いたら、小学六年間でだいたい七千語は覚えるとのことだったけどなぁ。

河添　七千？　いま、台湾でもそこまで多くはないと思いますが。

宮崎　しかも台湾だと中国の簡字体ではなく、難しい漢字ですから。もっと大変なんじゃないかな。

河添　日本の場合なら、カタカナ、ひらがなは小学校入学前後には覚えますから、語彙《ごい》はどんどん増えていきます。大人の話を聞いて、書き取りもできます。ですから、オリジナルな自己表現も、筆記できます。日本語は世界に類を見ない、発明言語だと思います。一方、漢字しかない中国では、テストで自己表現したくても漢字を書けない限りできません。これが、中国人が中国語で勉強する限界だと思っています。さらに、小学一年生から英語の授業があります。日本の中学生並みの英語を学んでいきますし、週一回はミニテストがあったりしますからね。

宮崎　小学一年から英語をやっている？

河添　はい、都市部の小学校はずっと以前からそうです。だから宿題は漢字を書いて、アルファベットの綴りを書いて、算数の計算をしてと毎日三時間、四時間、家でアップアップです。

宮崎　頭がおかしくなるな（笑）。日本もそうだけど、日本語も満足に喋《しゃべ》れないのに外国語を教えたら、ろくなことにはなりませんよ。日本語をマスターした後、英語を始《はじ》めると習得のスピードも上達も早いです。

河添　日本の場合なら、たとえば花が好きだったりしたら、お花図鑑を見て、幼稚園児でも花の名前をとことん覚えられます。写真の下に、ひらがなやカタカナで書いてあるし、漢字で表記されていてもルビがついていますから。中国の子供たちは、ただでさえ学校の勉強と宿題が忙しいのに、通知表に関係のない趣味にまで、なかなか手を伸ばせないわけです。親も余計なことは薦《すす》めません。テスト、テストでクラスや学校が振り分けられていくので天才肌、大器晩成型は浮かばれませんね。

宮崎　創意工夫という基本の練習をしてないものね。

河添　マニュアルが優先ですから、創意工夫まで永遠にたどり着きません。学校での質疑応答は、「クエスチョン・アンド・アンサー」がワンセット。だから「なぜ勉強をするのですか?」と聞かれたら、「社会に貢献するため」『いい職業に就くため』などと答えます。思っていなくても。テレビの街頭インタビューでも、だいたい堂々と優等生的な発言をしますよね。これってロボット化教育のたまものです（笑）。
留学時代、脳天気な私は先生方に、「共産主義社会はみな平等だっておっしゃいますが、生まれた時から姿や形も違うし、生まれ持った能力も違うと思うし、平等って意味が良く分からないのですが？」って質問したことが何度かあります。先生はその都度タジタジでした。振り返ってみても、そんな想定外の質問をする中国人学生はいないわけです。

宮崎 そりゃそうだよね。文革時代なら地方に飛ばされていたから。

河添 柔軟《じゅうなん》な思考を持つに至らない、教育の最大の原因が「漢字」というのが私の結論です。だからだと思うのですが、中国育《そだ》ちの中国人は理系分野で未だにノーベル賞を取れません。中国系でノーベル物理学賞を受賞したのは、オバマ政権でエネルギー長官に就任したスティーブン・チューさん。アメリカ移民三世の中国系ですよね。それから……。

宮崎 台湾出身だけど、李遠哲《りえんてつ》がノーベル化学賞受賞者だね。彼は一九三六年生まれで、子供時代は日本の教育を受けていた。

河添 はい、李遠哲さん、実は私にとっては遠いですが親戚にあたります。父方の従姉の嫁ぎ先が、李遠哲さんら李ファミリーと親戚関係にある高坂家なんです。台北帝大から台湾大学となった戦後も台北に残り、教鞭《きょうべん》をふるった高坂知武教授の資料館が、台湾大学に残されていますが、その一族です。李遠哲さんは、日本の教育とアメリカの教育を受けたエリートですが、弟の李遠川《りえんせん》さんから直接お聞きした限り、李ファミリーの家庭教育はなかなかユニークでしたよ。そういった家庭教育を含め、秀逸な人材を育てたのでしょうね。

語彙が減り表現力が乏しく

宮崎　日本も、たとえば明治時代の福沢諭吉《ふくざわゆきち》（思想家・教育家。『学問のすゝめ』などの著作がある）の原文をいま、読むとする。全然、分からない言葉が出てくる。しかしなんとなく分かるんだね、字引を引けば。でも現代日本の新聞用語でいうと、当用漢字が千五百ぐらいですか。あれで事足りているわけだから、そういう意味では中国も難しい用語はみんな簡単なもので代用しちゃったんだね。

河添　シェークスピアのような英語と米語の違いというか。現代中国語は、コミュニケーションとしての言語であり、ツールになっていますよね。

宮崎　中国大陸の新聞を読むと簡体字で、むしろ分からないけれど、広東へ行くと難しい漢字が並び、文法も違うから、広東語はもっと分からない。一番分かりやすい新聞は台湾ですね。ところでアメリカは、底辺の人々はだいたい五百語ぐらいで暮らしているんですよね。何でもI get かI have なんだよ。他のバラエティに富む動詞はまったく知らなくても平気。

ところが大学出のアメリカ人の場合、一万一千前後の語彙がないと、高尚《こうしょう》な会話ができない。少なくとも外交論文は読めない。『タイム』や『フォーリン・アフェアーズ』という高級雑誌もだいたい、一万語を知らないと読めないんですよね。そういう意味で、中国人の学者は難しい論文を、どうやって書くの？

河添　ネット時代ですからねぇ。誰かの何かをコピー&ペーストでいいんじゃないですか？　私にとっては中国と台湾の新聞を読み比べると、台湾の新聞の方が難しいです。表現力がより豊かだから。

宮崎　表現力という文脈ではそうですね。

河添　台湾語が本来持っている豊かさプラス、中国大陸の語彙も流通していますし、そもそも日本統治時代の日本的な表現も残っていますよね。語彙が多いんですよ。それに比べて、中国の官製メディアは表現方法がパターン化されています。

宮崎　会話を聞いたって単純明快。だからこそ、あの広い中国全土を「北京語」で統一できたんだろうと思うけどもね。

河添　ただ、鄧小平《とうしょうへい》（注1）時代までは訛《なまり》がひどくて。人民大会では、誰もがイヤホンを耳に入れて聞いていましたよ。同時通訳なくして、最高幹部の講話が理解不能ってことです（笑）。

宮崎　毛沢東だって、あれ湖南省《こなんしょう》のそのまたド田舎の訛でしょ。

河添　みたいですね、湖南省の方言を知りませんが、中国人同士でも何を言っているのかさっぱり。

宮崎　分かりませんよね。

河添　胡錦濤《こきんとう》（注2）国家主席も訛がね。正直、私の方が発音はキレイかも（笑）。

宮崎　習近平《しゅうきんぺい》（注3）は北京語を使える初めての国家元首でしょ。

河添　その前の江沢民《こうたくみん》（注4）がどうだったか、いまいち覚えていません。

宮崎　胡錦濤さんは安徽省《あんきしょう》出身になっていますが、実際には上海育ちですよ。だから逆にプラスマイナスで言うと、プラスの面はそうやって全国津々浦々《つつうらうら》にとにかく統一の言葉ができたけども、マイナス面はそれによって語彙が失われて、表現力がもの凄く貧しくなったということでしょ？

河添　表現力がそもそも豊かな方というのは、いつの時代も知的水準の高い極々少数だったと思います。ジョージ・オーウェルが『一九八四』で描いた「ニュースピーク」の世界（国家が国民の語彙力を制限することによって、思考を単純化するために使った手法）がありますが、中国の人口は十数億に増えていますし、中国政府とすれば最低限の読み書きができる単純な人間をまず揃えることが、教育ってことなのでしょうね。

注1　鄧小平　一九〇四〜一九九七　四川省《しせんしょう》出身。フランスに留学。一九四五年中国共産党中央委員。党総書記、副総理などを歴任。八三年国家軍事委員会主席。生涯三度失脚するもそのたびに復活。「改革開放政策」を掲げて中国の市場経済化を推進。中国最高実力者として生涯を終えた。

注2　胡錦濤　一九四二〜　上海出身。六四年中国共産党入党。八八年チベット自治区党委書記。激化しつつあったチベット独立運動を弾圧鎮定し、党中央に評価される。九二年中央書記局書記、九八年国家副主席、二〇〇二年江沢民に代わって党総書記。〇三年国家主席に就任した。一三年

三月の全人代で国家主席の座を習近平に譲る。

注3　習近平　一九五三〜　文化大革命で反動学生とされ、一九六九年から七年間地方下放《かほう》される。一九七四年共産党入党。清華《せいか》大学卒業後、副総理秘書、厦門《あもい》副市長、福建省長や各地の書記を歴任、そののち中央書記処常務書記に任命され、二〇〇八年、第十一期全人代第一回会議で国家副主席に選出された。一二年十一月党大会で党書記。一三年三月、国家主席就任。

注4　江沢民　一九二六〜　江蘇省揚州《こうそしょうようしゅう》出身。一九四六年中国共産党入党。電子工業相、上海市長、上海市党委員会書記などを歴任。一九八九年天安門事件で趙紫陽《ちょうしよう》失脚の後、鄧小平の抜擢《ばってき》で党総書記。一九九三年国家主席に就任。二〇〇二年党総書記を胡錦濤に譲り、二〇〇三年国家主席も退任した。反日強硬姿勢で知られる。

忖度、惻隠の情はない

宮崎　日本人と中国人との違いで最も大きいのは、日本には忖度《そんたく》、惻隠《そくいん》の情というのがあって、日本人は他人のことを最優先で気にかけますよね。私の調べた範囲内だけど、「惻隠の情」を表現する中国語ってないんだよね。他者を慮《おもんぱか》るというのが忖度、惻隠の情だけれど、中国人は自分だけ良ければいいのであって、他はどうなろうが知ったことではない。

河添　忖度！　最近のくだらないモリ・カケ報道によって、ちょっとブームですね（笑）。共感やイマジネーションが欠落している中国社会に、忖度はなさそうですね。〝独裁者〟と喧伝されがちなトランプさんは、ツイッターでよくI hope と言っています。中国語だと希望《シーワン》、という動詞で対応できますが、権力者がそれを用いれば、忖度ではなく命令ですからね。ただ、中国人は「面従腹背《めんじゆうふくはい》」が部下の基本です。しかも証拠を取っておいて、裏切って、後々それを政争で使ったり。あっ、日本の政界や芸能界もそれを真似するようになったのかな？

宮崎　あの文部官僚は〝下半身スキャンダル〟もあったのに、それを反安倍マスコミは許容した。後の章でも詳しく触れますが、薄熙来《はくきらい》にせよ周永康《しゆうえいこう》にせよ、中国だとセックススキャンダルは致命傷になる。あの男、日本で官僚をやっていて良かったよね。

河添　日本には神様がいますから、地獄に落ちるかもしれません。それと、中国支配層の下半身スキャンダルは、致命傷ではありません。粛清の対象を辱《はずかし》める意味で、意図的に下半身スキャンダルを流出させ、メディアは嘘も本当もごちゃ混ぜに報じるんです。

ないんだよね。

宮崎　それからもう一つ発見したのは、「やさしい」という言葉がない。中国人女性に「あなたはなんで彼が好きなの？」と聞いても、「彼はやさしいから」という言い回しがないんだよね。

河添　「親切」「熱情」といった表現はありますが、確かに「やさしい」とはニュアンスが違いますね。「やさしい」って、人の気持ちを慮ることですが、そういう配慮に概して欠ける方々ですから。随分前ですが、日本暮らしが長い中国人の著名画家さんと一緒に新幹線に乗ったことがあって、その時の話です。朝だったのでコーヒーでも飲みたいなぁとちらり思った瞬間、画家先生が「コーヒーでも、いかがですか？」と私に笑顔で聞いてくださったんです。そしてニコニコと続けました。「アメリカ人はね、自分がコーヒーを飲みたければ友人に尋ねることなく、自分のための一杯をオーダーする。そして中国人はね、相手がコーヒーを好きか嫌いか、飲みたいか飲みたくないかは関係なく、自分が飲みたければ二杯オーダーする。そして日本人はね、相手がコーヒーを飲みたいのではないかと思ったら、自分のことはさておき、『コーヒーを飲みましょうか？』と尋ね、相手がYESだと分かったら、自分がそれほど飲みたくなくても二杯買うんですね」と。私は思わず吹き出しました。「その通り」と思ったからです。

ＡＩの方が感情がある？

河添　数年前ですが、バイクか何かに轢《ひ》かれて道端で倒れている幼児を、何十台もの車やバイクが見過ごしていく、その映像が話題になりました。本能的に「大変だ！」って声を出しそうなものですがスルーしたわけです。その心理を分析しますと、「自分がやったと思われると厄介だから」との保身もあったはずです。ただ、それに勝《まさ》るのが命に対する感覚のはず。それが欠如しているから、知らんぷりで通り過ぎることができるわけです。この殺伐《さつばつ》とした社会情勢は、都市部でも地方でも変わらないのかなと思ったりします。

宮崎　日本だって道徳は廃《すた》れたという意味じゃ、同じようなところがかなりあって、昔の小学校に必ずあった二宮金次郎《にのみやきんじろう》の銅像がいま、ないでしょ。それから「仰げば尊し」は歌わなくなっちゃった。まず親に感謝なんていう道徳を教えていない。道徳教育って何をするか。社会一般の話を聞くだけ。老人には席を譲りましょうとか、公道にゴミを捨てないとか、そういうことだけは最低限習っているみたいだけどね。つまり中国はそういう公徳心めいたことも教えないのだろうか？

河添　北京オリンピックや上海万博《シャンハイばんぱく》の前とか、キャンペーン期間中は教えても、所詮は家庭教育の欠如という負の連鎖から、染《し》みつかないのではないでしょうか。

宮崎　染みつかないか。なるほど。

河添　それが自分の利益、要するにおカネや昇進につながるなら多少面倒なことでもやるでしょうけれど、そうでなければ無意味、無関心ってことかなと。

宮崎　中国で二〇〇八年の北京オリンピックの直前は、地下鉄やバスに乗っても競《きそ》うように席を譲《ゆず》ってくれたけれども、たしかにあれは道徳じゃなくて、なんかもう見え透いた人為的なキャンペーンでした。席を譲ってもらっても気持ちが悪かった。

河添　温家宝《おんかほう》（注1）首相は当時、「国際イメージの改善と強化を重視する」といった発言を繰り返していました。文明礼貌《ウエンミンリーマオ》。文明礼儀というスローガン、実は三十年前もあったのですが、人民がまだそうなってくれないからオリンピック前、集中的に文明礼貌キャンペーンをやったのでしょう。

宮崎　文明作法、文明礼儀か。オリンピックが終わった途端、きれいになくなっちゃった。その頃から、電車に乗っても誰も席を譲ってくれないもの。

河添　「野蛮」に戻っちゃったのかな（笑）。キャンペーン中は、出世に燃える共産党員や党員志願者にとっての評価基準になっていて、席を立ったりゴミを拾ったり、「良い子」を演じていたのかもしれませんね。何せ猛烈な監視社会でもあるわけですから。

二〇〇八年五月に起きた四川《しせん》大地震の後、温家宝首相が被災現場の高校を見舞って、教室で「愛国、恩感課（国を愛し、恩を感じましょう）」という新種の授業を行っていたのですが、「恩を感じる心」をマニュアル化して、キャンペーンを張っていることに失笑しました。恩を感じるのは誰かに強《し》いられることなく、内心から湧き出す感情であるべきなのに。パフォーマンスですから。

宮崎　現代の中国人には情緒的なものがもうほとんど何もない、言ってみればロボットみたいな人間になってしまったわけだ、無味乾燥《むみかんそう》な。だから全体主義体制の独裁者がいばっておられる。

河添　よっぽどＡＩ（人工知能）の方が、感情があったりして（笑）。ほら、最近のニュースにありましたよね。中国のインターネット大手、テンセントの提供するＡＩ対話サービスで、ある利用者が「共産党万歳」と書き込むと、ＡＩは「こんなに腐敗して無能な政治に万歳できるの？」と答え、「あなたにとって（国家主席が唱える）『中国の夢』とは何？」との問いかけに、「アメリカへの移住」と返したそうですから。「（共産党を）愛していない」とも答えたとか。

で、後日のニュースでは、AIの教育し直しだそうです（笑）。

宮崎　中国のAI、やっぱり、可哀想だ（笑）。

注1　温家宝　一九四二〜　天津出身。一九六五年共産党入党。八六年胡耀邦《こようほう》総書記に抜擢《ばってき》され中央弁公庁主任。八七年党中央委員、九七年党政治局員、九八年副首相となり金融と農業を担当。二〇〇三年胡錦濤が国家主席に就任するとともに、第十代国務院総理（首相）。〇七年来日した。一三年三月、首相の座を李克強《りこくきょう》に明け渡す。ファミリーの金銭スキャンダルの噂が尽きない。

「共感力」がない

河添　それと「躾」以外に、中国人には「共感」という感情がないって台湾の友人が言っていて、そうかもと思いました。轢かれて倒れている幼児を無視した事件しかり。日本人はたとえば不運な事故など可哀想な亡くなり方をされた見知らぬ他人に対しても、

「お気の毒に」と思って涙したりしますよね。ワイドショーも視聴率稼ぎができると判断すれば、延々とね。ところがそういった「共感力」が、大陸の中国人に希薄ではないかと。

宮崎　「共感」というのは同胞《どうほう》に対する労《いたわ》りとかそういう意味？

河添　同胞でなくとも、動物を含めた命全般に対して。北京オリンピック前の四川大地震も、CCTV（中国中央テレビ）は、犬が瓦礫《がれき》の下から生存者を見つけたとかヤラセ演出だけが際立った報道ですぐに幕引きでした。数日間の報道をザーッと観ましたが、違和感しか覚えず……。

宮崎　だから「人肉」を食べるんだろうね。胎児のスープとかさ。あれ、いまでもあるんですかね。昔、広州《こうしゅう》へ行ったら、秘密の食事会があった。秘密の宴会をやって、主食は胎児のスープですよ。それを毎日飲んでいる。

河添　肉まんの具に使われたりするって話、聞いたことはありますが……。

宮崎　八十のじじいが毎日飲んでいて、それで毎晩セックスができるとかね、馬鹿なことを言っていましたよ。

河添　何でも強壮剤《きょうそうざい》ですねぇ。命や心に対するイマジネーションが欠如しているからこそでしょうね。この間、方政《ファンヂエン》さんという天安門事件《てんあんもんじけん》（注1）の時に両足をなくされた方が、天安門事件の二十七周年記念で来日されて、そのイベントに私も参加しました。司会者は、「どんな状況で足を失ったのか、その時のことを話してください」と、明るい調子で言うわけです。

北京体育学院（現北京体育大学）で学んでいた方政さんは、戦車が襲ってきて大勢で逃げている途中、同世代の女性を助けたのはいいのですが、ご自身は轢《ひ》かれて両足を失ってしまいました。その際、人民解放軍は化学兵器も使ったらしく、助かったその女性も病院に運ばれていて、確か緑色のものを吐き続けたそうです。方政さんが両足を犠牲にしてまで助けたその女性は、その後、共産党のイヌになってしまい裏切られます。障害者部門の中国代表選手として、方政さんはやり投げと円盤投げ競技で海外試合への出場資格を得ますが、天安門事件について外国人記者に蒸し返されることを恐れた中国政府に出国を禁じられてしまいます。そういったことから、支援団体の助けもあり二〇〇九年に家族とアメリカへ移住をしたそうです。ご本人は、淡々とお話されていましたが。

宮崎　結局、中国人は情緒的反応が乏しいから淡々と言える。答える方も。そこで涙ぐんだりは、あまりないよね。

河添　本人がお涙頂戴的なスピーチでないことは良かったとは思いますが、なんか切ないなぁと。

宮崎　ある時、人質をとっての立てこもり事件が中国であってテレビが中継していたのですが、警官がパンパンと十二、三発撃《う》って犯人をさっさと殺しておしまい。日本なら、やり過ぎだと警察が非難されるでしょうが……。

河添　アメリカやロシア、中南米諸国も、リアルな日常と映画も両方そんな感じですよね。私がひどく切ないと感じた背景には、民主化活動で奮闘した彼らの、その後の人生において明暗がくっきりと分かれている現実を知っているからかもしれません。残念な表現ですが〝勝ち組〟は、若者たちを殺した中国政府と手打ちしたエリートたちです。

世界最大の投資持株会社バークシャー・ハサウェイの会長兼CEOのウォーレン・バフェット氏によるBYD（中国を代表する電気自動車メーカー）出資（株の約一〇％を二億三千万ドルで取得）が二〇〇八年九月に報じられ、株価が一年で八倍に跳ね上がりましたが、そのバフェット氏の同行者として二〇一〇年に〝賓客《ひんきゃく》〟として凱旋《がいせん》帰国したのは、天安門事件の学生運動のリーダー二十一人の中の一人、李録《リールー》氏でした。

ＢＹＤへの投資をバフェット氏に持ちかけたのが、バークシャー・ハサウェイの主要な出資者になっていた彼だったのです。李録氏はフランス経由でアメリカへ渡った後、奨学金を得てコロンビア大学に入学し、経済学士、法学士、ビジネス管理学修士の三つの学位を取得し、民主化運動に関する著書の印税の運用を始め、ウォール街の投資家に転身したのです。

李録氏は文化大革命が始まった一九六六年の生まれで、九カ月の乳児の時に技術者だった父親は再教育で炭鉱へ、母親は強制労働収容所送り。家族バラバラになり里親に養育され、両親と兄弟に再会したのは十歳になる頃だったそうです。嘘か本当かは別として、こういった履歴もアメリカでは受けたのでしょうね。

鄧小平さんの「白猫黒猫論（白猫であれ黒猫であれ、ネズミを捕るのがいい猫＝政治理念より経済が優先）」からすれば李録氏は模範生ですが、その手のひら返しは、それこそ中国人のＤＮＡに組み込まれた〝カネ様至上主義〟が思いっ切り開花した一例なのかなと。

注1　天安門事件　一九八九年四月十七日、北京の天安門広場で行われた、胡耀邦追悼《こようほうついとう》の学生集会に市民も加わり、その日から継続的に非暴力の民主化　運動が行われていた。六月三日～四日、その民主化要求の学生や市民を、人民解放軍の重装備の部隊が戦車と銃で蹂躙《じゅうりん》し鎮圧した。死者

の実数は、政府発表の三百数十人をはるかに超えて、数千人だったといわれる。その余波は大きく、学生・市民側に同情的だった趙紫陽《ちょうしよう》書記が解任され、江沢民《こうたくみん》が総書記に任命され、中国の民主化運動は大きく後退した。

「永遠」も「平和」も存在しない

宮崎　小生、中国に二百五ある、いわゆる反日記念館のうち、四分の一の五十くらいは見学しておりますが、展示を見た印象を言いますと、「戦争が悪い」という概念が中国人にはほとんどない。これって、ちょっとショックですよ。

河添　宮崎さんほど中国を知っている方が、ショックを受けるなんて！　だって、中国は共産党内部の権力闘争も所詮は殺し合いですから、戦争は常態化していますよね。ただ、中国の支配層に限らず、白人社会もそうですが、究極の錬金術《れんきんじゅつ》は「どこかとどこかに戦争してもらう」ことなのかと。軍資金を貸しつけ、武器売買で、「儲けまっせ」ってことで。それでアヘン戦争をやってみたり、日本を戦争に巻き込んでみたり、挙げ句は、虚偽の歴史で悪者に仕立てられた！

宮崎　世界はみな戦争が大好き。日本はどこにでも〝平和祈念館〟みたいなものがあって、そこでの結論というのは、「戦争は良くない、戦争を避けよう」。ところが、中国の軍事博物館、反日記念館、どこでもいいんだけども、戦争は悪いなんて一言も書いてないんですよね。あれは見事なものですよ。さすがに「戦争は良い」とは書いてないけども、戦争が悪いから避けようという弁がまったくない。

河添　先の戦争を反省せよと、日本に土下座の命令をするだけです。

宮崎　そもそも、「反省」って言葉は中国語にあるんですか？

河添　いちおう、そのまま「反省」ですが、日本語の逆輸出かもしれません。

宮崎　日本の場合、三省、五省まである。三省堂もそう。江田島《えたじま》の五省（海上自衛隊幹部候補生学校で唱えられる標語）は要するに一日五回反省をするという意味でしょ。中国では、聞いたことがない。日本じゃ、ニホンザルでも反省するのにさ（笑）。

河添　「遺憾《いかん》」との表現も、日本に対してよく使いますね。

宮崎　「遺憾」というのも日本語だと、謝罪ではなく残念であるといった程度のニュアンス。中国語の「遺憾」というのは、もう少し〝いかんぜよ〟っていうか、ちょっときついニュアンスがあります。

河添　ただ、習近平国家主席が「一帯一路《いったいいちろ》（注1）」国際協力サミットで、原稿の重要な部分を読み間違えて「対不起《ドイブチー》」って言ったんです。少し驚きました。中国のトップがその程度で「ごめんなさい」って言うんだと思って。折しも、北朝鮮がミサイルを飛ばし、何やら動揺している感はありましたが。

宮崎　二〇一五年九月三日の抗日戦争勝利七十周年の軍事パレードの時だって、左手で敬礼をしていたじゃないの。あれ軍人に対する侮辱《ぶじょく》ですよ。

河添　緊張からでしょうかね？

宮崎　緊張していて、右手を挙げているつもりで左手を挙げた。後で画像を見て忠告したのは奥さんだけだったそうですね。他の周りはみんな怖くて沈黙。

河添　習主席、北朝鮮の暴発に相当、怯《おび》えていますよね。

宮崎　このテーマは後ほどにとっておくとして、顔に出ているよね。自信とか余裕のある風貌《ふうぼう》を最近見なくなりましたね。

河添　アメリカ公式訪問でも、トランプをチラチラ横目で見たり、借りてきた猫状態でした。「シリアに巡航ミサイル五十九発撃ったよ」とトランプ大統領に言われた時も、「え？　もう一回言って」だったそうですから。おののいて、チョコレートケーキが、鼻から吹き出なかったかしらん。

宮崎　むしろ、相手がオバマの時の方がまだ習近平は落ち着いた顔をしていた。

河添　太平洋を、西と東で二分してもいいとか、偉そうなことを言っていました。

宮崎　こいつなら御《ぎょ》せる、という感じがあったんじゃないの？　だってオバマもほら、鳩山《はとやま》由紀夫に輪をかけたように不思議なことばっかり言っていた政治家だったからね。鳩山が「東シナ海をいさかいの海から友愛の海にすべきだ」って言ったよね。その時の相手は胡錦濤で、おそらく意味が分からないどころか、完全におちょくられていると思ったでしょうね。だって中国人の発想からすれば……。

河添　ハァ？　ですよね。そういう感覚はあり得ない。

宮崎　あそこを「友愛の海」にしようって何のことかと。胡錦濤にとっても火星人の発言みたいに映ったでしょうね。

河添　世界は弱肉強食をセオリーに、常に生き残りを賭けています。「永遠」「平和」なんて感覚自体が存在しないんです。実際、どんな小国であれ、武器をほしがり、民族紛争、貿易戦、経済戦、世論戦、情報戦、心理戦、法律戦……と、様々なカタチの戦争をしかけ、し続けています。私はこの瞬間も世界は戦時中であり戦前でもある、って思っています。

なのに、日本だけは「戦後ウン十年」が常套句《じょうとうく》です。昨今の国会とメディアは〝モリ・カケ騒動〟に多くの時間を費やしていましたし。一番トホホで厄介なのは日本の脳天気さ、なのかなと。

注1　一帯一路　略称ＯＢＯＲ（One Belt, One Road）シルクロード構想ともいわれる。二〇一四年に開催されたアジア太平洋経済協力首脳会議で、中国の習近平国家主席が提唱した経済圏構想のこと。

第二章

「恥の文化」「羞恥心」「愛嬌」もない中国

恋愛もおカネ優先

宮崎　中国人の若者たちって、どうやって恋愛するの？

河添　最近のアンケート結果では、結婚対象に求めるものとして、「性格重視」といった答えの割合も高くはなっていますが、都市部で暮らす適齢期の男女が基本的に求めるのはマネー、おカネですよ（笑）。上海出身の二十代の大卒女子を、何回か取材したことがありますが、「どんな人が好き？」って聞いているのに、「クルマはベンツで、マンションは……」って。すべてモノ、カネです。「それってモノでしょ。他に望むものはないの？」って言ったら、不思議そうな顔をして、「お金がなくてどうやって結婚するわけ？」って。

それで、「たとえば、あなたの好きな人が田舎、農村出身ってことはあり得る？」って聞いたら、躊躇《ちゅうちょ》なくみな、「一〇〇％ない」と即答していました。要するに「そんな落ちぶれた生活を、なぜ我々上海人がするわけ？」ってことです。おカネとモノの上のランクとして、先進国のパスポートがあります。上海人の大卒女性にとって、恋愛対象は、

〝お見合い広場〟に集う親たち（撮影：河添恵子）

最低ランクでも上海の金持ち。もっといいのはアメリカ人やカナダ人やシンガポーリアンの金持ち。ちょっと嫌だけど日本人でもいいかしらと。そういうのが上海人女性の結婚対象でした。

宮崎　毎週、日曜日の北京《ペキン》の中山《ちゆうざん》公園を見ると分かる。親がだあーっと出てきて並んで、クルマあり自宅あり身長何センチとかビラに書いてあって、親が子供の縁組を決めている珍妙な風景があります。

河添　その光景、写真（上）に収めましたよ。面白いですね。適齢期の男女のプロフィールが、ズラリと貼ってあったり並べられていて。私が立ち寄ったのは、上海市ど真ん中の人民公園でしたが、いつしか通称は〝お見合い広場〟になっちゃってた(笑)。

宮崎　親同士で情報交換して、自分たちの子供の結婚相手を決めちゃう。本人同士じゃないんだよね。娘を持っている親は、「おたくの息子さんは年収いくら?」「クルマは何台ある?」とか、「マンションはいくつある?」とか、いきなりそういう即物的な話で進めていく。ほんとにドライな社会になっちゃったね。

河添　私、百年前どころかもっと以前から、中国は砂漠のように乾いた、疑心暗鬼の社会だったのだろうとイメージしています。

宮崎　七、八年前まで髙山正之さんたちと毎年のように中国へ行っていた時、夜は必ずカラオケバーに出かけた。すると、わぁーっと地元の若いホステスさんが寄ってきて、いろんな話を聞くんだけども、髙山さんはすぐ「南京大虐殺(注1)をどう思うか」って言うんだよ。「そんな質問はしない方がいい」って。連中は意味が分からないから。見事に「それ、何?」だね。そんなことよりも「あなた方の将来の夢は何ですか?」と聞けば、だいたい十人のうち九人は同じ答えね。「ハゲでも何でもいいから、外国人と結婚してこの国を出たい」と言います。それでその次が面白い。「日本の女もそうでしょ?」って。だから、「日本の女で、そんなことを考えているのはまずいませんよ」

と教えてやる。

河添　それどころか、日本人ホステスは割と、男性に貢《みつ》いでいたりするんじゃないかしらん？

注1　南京大虐殺　日中戦争で南京を占領した日本軍が、一九三七年十二月に南京城内外で多数の投降兵《とうこうへい》や捕虜《ほりょ》、市民を虐殺したとされる事件。中国側は虐殺されたと称する被害者数をどんどん増やしていき、現在は三十数万人と主張しているが、日本側は否定している。

異文化でフィクションだから面白い

宮崎　その割には、どうして日本の純愛もののトレンディドラマが中国で受けるんだろうね？　宇宙人が何か演じているとでも？

河添　自分たちの社会にはあり得ない設定、感情が日本と日本人にあるから、それを面白く感じるんじゃないでしょうか。キムタクが好きとか、単純な理由もあるはずですが。

宮崎　中国の若い人たち、仕事以外は、普段何しているのかな？

河添　もう死語みたいな感じですがＯＬ、つまり働く若い女性、複数に尋ねた限りでは、「外食は高いからほとんどしない」「仕事が終わったらさっさと家に帰って、夕食を済ませたら部屋で日本のアニメやドラマ、韓国のドラマをＰＣで観ている」と。著作権無視の海賊版ですから、ネット環境さえあれば無料です。テロップが簡体字ではなく繁体字《はんたいじ》だったり、吹き替え版だったりを観ているそうです。

宮崎　繁体字読めるのかな？　中国の若い人。

河添　分かりませんが、なんとなくかな？

宮崎　日本の恋愛ドラマ、面白いと思うのかな？

河添　異文化でフィクションだから、面白いんじゃないでしょうか。台湾でも、日本のトレンディドラマのファンは少なくないですが、台湾人も日本独特の恋愛事情を面白がっている感じです。私の友人の日本人ママと台湾人パパのハーフで、台湾で生まれ育って日本語もペラペラな大学生の息子さんの話です。専攻が観光学科だったので、日本の旅館でしばらく研修したそうです。「何が一番大変だった？」って聞いたら、真顔で「人間関係」って。大爆笑しましたよ。息子さんは日本人と比べても遜色ない日本語力なのですが、中身は台湾人なんだなぁと思って。「畳部屋やトイレの掃除をしたり、布団の上げ下げしたり、早起きするのが大変だった」とか、そういった答えではなかったんですよね。つまり恋愛じゃなくても日本人との人間関係、フェイクの時は面白くても、リアルになると大変（笑）。

宮崎　渡辺淳一《わたなべじゅんいち》の小説、どうして中国でも読まれたと思う？

河添　やはり異文化だから。あ、ポルノ小説みたいだからかな？

宮崎　憧れなんじゃない？

河添　確かに中国は〝純愛不毛大国〟ですので。ただ、『失楽園』みたいな最期、中国人的な感覚では、ほぼあり得ないような。日本人としてもまぁ、あんな方法ではなかなか死ねないなぁとは思いますが。たとえば韓国ドラマ。一話をたまたまチラ見するだけで、誰かを陥《おとし》れようと陰謀を企《たくら》んでいる人物がいたり、夫婦関係がドロドロだったり、整形して不自然な俳優の顔を含めて気味が悪い、と私なんぞは思うわけです。でも、日本でも韓流ブームは起きましたからね。

宮崎　真面目には見たことがないけれど、韓流ドラマについて言えば一、二度見てひっくり返ったのは、中世にきらびやかな衣装を着ていた。時代考証がデタラメ。あんなドラマを作る韓国人にとって、時代考証は二の次、三の次なんだよね。ドラマにせよ、歴史をでっちあげているということは鮮明に分かりますよ、所詮、中国人にとって歴史はプロパガンダであり、韓国における歴史はパラノイア的フィクションです。

河添　そういうフィクションを、真剣に見て洗脳されちゃう日本人も問題かなぁと。

宮崎　そういえば最近、「軍艦島」をテーマにしたひどい映画を韓国が作った。戦時中炭鉱で朝鮮人が、日本人によっていかにむごく殺されたかと……。嘘八百映画だけど、向こうではそこそこヒット。「呆れた哀れな韓国人」というしかない。「ポスト慰安婦」の格好の題材なんだろうけれど。

河添　またもや歴史戦ですね。文在寅《ムンジェイン》大統領の韓国、さらに暴走しそう。本当にどうしようもない！

嘘が常態化しているから

宮崎　ところでね、毛沢東に愛人はたくさんいたけれど、江青《こうせい》にも情夫が何人もいたよね。

河添　その一人と言われているのは、第十八回党大会（二〇一二年十一月）で、中央政治局常務委員入りし、序列四位に就いた兪正声《ゆせいせい》の父親、兪啓威《ゆけいい》ですよね。そして国家安全部外省局長だった兄の兪強声《ゆきょうせい》は、八〇年代にアメリカへ亡命していますよね。文革中に一族はかなり殺害されたようですが、兪正声は太子党《たいしとう》（注1）で江沢民派とカテゴライズされていますが、なぜここまで出世したのか、彼についてはまだよく解析できていません。

宮崎　江青は康生《こうせい》の愛人でもあったよね。康生は、中国の特務機関に君臨していた男。何人も抱えていた女の中から「おまえが毛沢東のスパイになれ」と江青を送り出した。その江青だから、男出入りは激しいに決まっている。とすると、渡辺淳一の「愛欲小説」は中国人から見たら〝小粒〟過ぎない？

河添　小粒というか、モラルがあり過ぎて普通過ぎるかも。

宮崎　日本人の男性は、ハニートラップ（美人局《つつもたせ》）にかかったと分かっても、恥ずかしいから開き直って被害届を出したり、なかなかできませんよね。

河添　私が大連《だいれん》にいた頃、日本人の接待に使われたレストランの中には、置屋《おきや》みたいな類もありました。レストランの地下だったり二階に〝女性〟が変な格好で待機していたり。

宮崎　そういう女性との密会の写真も撮られていたわけですね。

河添　うーっ、分かりませんねぇ（笑）。

宮崎　何か問題が起こると「あの写真、本社か奥さんに送りましょうか？」とやられる。そういうのは、引っかかる方にも問題があるんだけども、まったく自覚なく突然とんでもないことに巻き込まれるってケースが一番の問題。たとえば、合弁をやりましょうって時、合弁ってお互いの印鑑が必要じゃない？　中国人は平気で印鑑も偽造するんだよね。

河添　偽造は彼らの十八番《おはこ》ですから。

宮崎　日本でそれは重大犯罪なんだけども、中国じゃそんなもの軽い犯罪なんだよ。それで、日本側の印鑑も偽造されて会社の定款《ていかん》を変えられて、勝手なことをされちゃった挙げ句に、何でこんなことをしたのと尋ねれば、「いや、我々は合弁会社である」と、こう来るんですよ。

河添　良くあるのは、合弁に必要なおカネやもろもろの〝諸経費〟を期日までに納めた後、急に中国側の担当者が交代するんです。で、また振りだしに戻ります。

宮崎　〝諸経費〟とは主に賄賂《わいろ》のことね。

河添　彼らにとっては賄賂なのでしょうが、日本側にとっては違います。契約上のイニシャルコストです。ところが先方は、その大金と共に海外へ逃げる準備に取り掛かっていたのでしょうね。いま、想い返せば。もう、そういった不可解な展開の繰り返しでした。

宮崎　そういう意味じゃ、中国人の詐欺は〝芸術的〟と言えるかもしれない。

河添　中国は、嘘が常態化していますから。中国へ進出した日本人経営者はたいてい、「河添さん、私と付き合っている中国人は良い人ばかりですよ」と言います。だから私は、「だって詐欺師は良い人に見えるから、詐欺師なんでしょ」と返答します。騙《だま》されたことを自覚したその瞬間からようやく、「相手は詐欺師だった」って気づくわけですが遅過ぎますよ。共産党幹部も、上層部はさらに「良い人」に見えますよ。

宮崎　詐欺師の基本鉄則というのがあって、一人だけは最後まで絶対騙さないんですよ。でも、その人をネットワークの拠点にして騙される奴が、この中国人は良い人だと思って輪を広げさせて、その広がった先の人脈で全部詐欺をやるんだよね。これは日本でも詐欺師の世界は同じだけど、ただ、中国人の場合はもっと徹底してやるでしょ。生活そのものが「嘘」だらけ。フェイクソサエティ、フェイクカントリーだからね（笑）。

日本人は国内では騙されたこともなくて生きてきたけど、中国に行って騙された人がやたら増えたんだけれども、被害届をほとんど出さない。一つは自分の失敗が「恥」だと思っているから、他人に明らかにしないクセがある。だからその失敗の教訓が、まったく伝わらない。それで、いまだに中国人を信じている人が日本には多い。

河添　パチンコもそうだけどオジサマたち、父もそうでしたが大負けした時は言わないけれど、ちょっと勝った時は「小銭を儲けちゃったよ〜」と満面の笑みで自慢しますからね。それと同じで、中国に進出した経営者は、かなり手痛い目に遭っても口外しません。特に、同業者にはバレたくないとの心理が働くようです。で、私に突然、電話がかかってきたり、会いたいと言われ、「妻にも従業員にも言っていない」と深刻な相談になったりして。その中身については、公《おおやけ》にできないことだらけですが、見事なまでにワンパターンな騙され方（苦笑）。

宮崎　河添さんにSOSを出す時点で本当に終わりかも。

注1　太子党　党の幹部の子弟たちのグループ。二世議員のようなものである。習近平を筆頭に、王岐山、兪正声らがいる。

中国人の欲望は原色

宮崎　欲望から何からすべて、中国は原色の国だよね。言葉でも政治でも曖昧《あいまい》なものはなく原色。ほら、日本では虹は七色だけれど、中国の虹は五色だよね。新装開店のお店の看板を見ても、黄色地に赤。当局公認であれ、何であれ、デモ隊までそうなんだよね。看板のネオンサインも、黄色と赤と黒。もう一色入るかな？ 残虐な事件や当局に抗議する時だけは、黒一色です。いずれにしても、原色大好きでしょ。

河添　視界に入り過ぎてワサワサと落ち着かない気持ちになる、原色ばかりですよね（笑）。しかも、支配層と成金たちの欲望は果てしないですね。多くの日本人が持っている、「そこそこ」って感覚が欠落しているというか。アメリカへ移住した台湾人の方々が言っていましたが、「中国人というのは、まずは肉が食べたいと思う。そしてもっといい牛肉が食べたいとなる。そのうち松阪牛《まつさかうし》が食べたい、さらには最高級の松阪牛だと。とにかく欲望のリミットはなく、松阪牛の畜産農家まで、全部、自分のものにするぞ」とね。これが中国人の欲望だと（笑）。

宮崎　だからフランスのワインの産地、ボルドーやブルゴーニュの畑の買い占めに奔走《ほんそう》するのが中国人じゃない？　自分たちで買ったら同じ質の高いものができると思っているんだ。そこが不思議です。日本の水がおいしいとばかり、北海道の水源地、土地も買収していますし。

河添　他人のモノも自分のモノ、ほしいものは全部自分のモノ、なんですよ。男女の関係にしても、そもそもが欲望や打算の賜物《たまもの》とすれば、当然ですが〝仮面夫婦〟も多いですよね。成金男たちのビジネス食事会での〝ご同伴者〟は、たいていが妻ではなく愛人ですよ。

宮崎　中国人の欲望が原色というのはそういうことなんだよね。人前で、愛人を見せびらかしたり、「愛人を何人持っている」と平然と話せる。別荘が何軒あるか、それと同じ感覚、ステータスシンボルですからね。古稀《こき》を過ぎて、もう不能のはずの老人でも妾を四、五人持っているって自慢する。日本なら「戦意あれど、戦力なし」と言っておしまいなのですがね。

河添　ジャガーやベンツを買い揃えるかのように、愛人を持つのは不老長寿を含めた欲望以外では、自己顕示欲と利用価値、やはりコスパかな。

宮崎　だから女性も面白いんですよ。自分の情夫はアパートを買ってくれたとか、海外旅行に何回連れてってもらって、行く先々のホテルはどこそこの高級ホテルだとか、自家用車を買ってくれたとか、そんなふうに女同士で自慢の競争大会をやるんだね。だからそれ、男も女もまったく同じ。あ、これが本当の男女平等だ！

河添　オトコもオンナもどっちもどっちって平等（笑）。随分と以前ですが、モデルのオーディションがあって楽屋裏でいろいろと雑談したのですが、大枠のところでみんな愛人男性の自慢大会。車をもらった、マンションは何平米で、とね。お相手はシンガポールや台湾のビジネスマンだったり、「一カ月に一、二回しか来ないから、自分には他にも恋人がいる」とか、もう言いたい放題、やりたい放題。まったくね～若くても清潔感ゼロですよ。

宮崎　「恥がない」のはもういいとしても、「外聞がない」というのはどういうことなんだろうね。やっぱりそういう自慢が遠くに伝わって、それで自分の名声、株が上がるとでも思っているのかな。

河添　品格なき整形オンナの価値観ですと、御手当の額が多ければ多いほど自分の価値が高いって勘違いしているのかな？

蔣介石夫人、宋美齢の大変な〝手柄〟

宮崎　仮面夫婦ということで、ちょっと話が飛ぶけれども、蔣介石《しょうかいせき》（注1）と後妻の宋《そう》美齢《びれい》は、あれはまったく夫婦関係はなかったと思うよ。ジャクリーンとオナシスの結婚みたいなもんだよ。それがなぜ分かったかというのは、中国の各地に蔣介石の別荘があるじゃない？　南京《ナンキン》にも九江《きゅうこう》にもあるし、いろんなところにある。別荘といっても、中国各地の一番の財閥の家を勝手に取っちゃうんだから。どこにでも別荘があるので、そこに必ず応接間にマリア像がある。いかにしてキリスト教徒だと偽装していたかという逆証明でもあります。二番目に、夫婦の寝室はもちろん違う。しかも、夫婦別々の浴槽があるんです。だから、あ、これは事実上、夫婦関係はないなと。もう打算の限りにおいての夫婦だなと判断しました。

河添　蔣介石は、孫文《そんぶん》（注2）の寡婦《かふ》になった宋家の二女、宋慶齢《そうけいれい》との結婚を考えました。で、宋慶齢は「とんでもない、アンタなんて嫌よ」と。「じゃあ、三女の宋美齢でいいか」ってことになったようです（笑）。

宮崎　まぁ、どちらでも一番カネがあるところにってね。

河添　はい。浙江財閥《せっこうざいばつ》（上海を拠点とした浙江・江蘇両省出身の金融資本家集団）と手を結んで自身の権力の安泰を図ったってことでしょう。

宮崎　一番大事な女だった陳潔如《ちんけつじょ》は、アメリカに逃がしている。蔣介石が本当に愛していたのはこの陳潔如だけでしょう。

河添　そうなんですか？　彼女も別の工作でアメリカへ送り込まれたかもしれませんし分かりません。権力奪取への野望に燃える中国人、支配層の「愛」は究極の刹那《せつな》か深謀遠慮、いずれにしても打算の賜物と思っているので。蔣介石は少なくとも、金ヅルになり、英語が話せてクリスチャンで欧米とのコネクションをつくれる宋美齢と手を結んだわけですよね。しかも宋美齢にしたって、それを分かった上で妻になったのでしょうから。

宮崎　そういう意味では、宋美齢は大変な手柄を立てているわけですよ。アメリカで日本の悪口、フェイクニュースを言いまくってね、アメリカの、とりわけルーズベルト大統領の日本に対する敵愾心《てきがいしん》を見事にシナ支援に結び付けた。

河添　フライング・タイガース（日中戦争時に中国国民党軍を支援したアメリカの義勇軍の愛称。実態はアメリカの対日戦闘機部隊）も連れてきましたしね。

宮崎　それでアメリカは、せっせとシナへの援助をやるわけでしょ。蔣介石ルートを使って。でも、そのカネ、ほとんどが宋一族の秘密口座に戻っていた。だから最大のペテン師、詐欺師は誰かといったら、蔣介石・宋美齢・毛沢東《もうたくとう》、周恩来《しゅうおんらい》（注3）、みんなそうですよ。

河添　中国の権力者、支配層の野望は地球規模、みな〝詐欺師大会〟で勝ち抜いた人間なのでしょうね。そもそも戦後、中国国民党の蔣介石総統が支配していた頃の台湾は、中国共産党の「一党独裁」と変わらなかったですよね。

宮崎　全然変わらない。ネガとポジの関係だから。あれ、一卵性双生児です。

注1　蔣介石　一八八七〜一九七五　中国の政治家。中華民国（台湾）総統。浙江省出身。一九〇七年日本の陸軍士官学校へ留学。やがて孫文《そんぶん》と接して中国同盟会に入り、辛亥革命《しんがいかくめい》に参加。一九二四年黄埔《こうほ》軍官学校校長。一九二八年南京政府主席。北伐に成功して共産党討伐に力をそそぐ。一九三六年西安事件《せいあんじけん》（西安で張学良《ちょうがくりょう》の東北軍と楊虎城《ようこじょう》の西北軍が、蔣介石を逮捕監禁した事件）に遭遇。翌年、国共合作して対日戦を続ける。第二次大戦後の国共内戦に敗れ、一九四九年台湾へ移動。中華民国総統として大陸反攻を唱えながら没する。

注2　孫文　一八六六〜一九二五　広東省《かんとんしょう》出身。清末、民国初期の革命指導者、政治家。初め医師を職業とするが、一八九四年ハワイで反満革命の秘密結社・興中会《こうちゅうかい》を結成、広州《こうしゅう》や恵州《けいしゅう》で蜂起《ほうき》するが失敗。一九〇五年東京で中国同盟会を結成、三民主義（民族、民権、民生）を唱える。辛《しん》亥革命《がいかくめい》により一二年中華民国臨時大統領になるが、すぐに袁世凱《えんせいがい》にとって代わられる。一九年中

国国民党を組織して国共合作、国民革命を目指すが志なかばで没した。

注3　周恩来　一八九八〜一九七六　江蘇省《こうそしょう》出身。初め日本に留学、のちにフランスに留学し、中国共産党フランス支部を組織。一九二四年黄埔軍官学校政治部主任。三四年革命軍事委員会副主席として長征に参加。三六年西安事件の際、国共融和に尽力、対日戦中には抗日民族統一戦線結成。人民共和国成立後、四九年より死去の日まで国務院総理（首相）。文化大革命中も失脚せず、死ぬまでその地位が揺るがなかったので「不倒翁《ふとうおう》」と呼ばれた。

台湾とシンガポールの指導者の違い

河添　李登輝《りとうき》（注1）さんが総統になって以降、台湾は大きく変わってきたわけで、もうそれまではほんとにただの「中国人による独裁政権」でした。

宮崎　李登輝さんのように「武士道」がそれなりに分かって日本教育を受けた人が出たお陰で、台湾は民主国家へと改革できたんだけど、同じ中国人でもシンガポールはそうならなかった。建国の父リー・クワンユーは、中国よりも乾き切った国を作っちゃったんじゃない？　毛沢東よりはマシな独裁者と、言えるかもしれないけど。

河添　リー・クアンユー支配は長かったですからね。私の見立てでは、シンガポールは〝明るい北朝鮮〟です。リーさんは結局、イギリスの代理人で東南アジアの華僑華人《かきょう》（中国本土から海外に移住した中国人とその子孫）を牛耳《ぎゅうじ》っていたわけです。不死鳥のように蘇り、権力を掌握した後の鄧小平にも意見する立場にもありました。習近平は国家副主席になるまで、リー・クアンユーと一対一で公式会談をしていないはずです。ということは、華人社会においてのリー・クアンユーの序列は中国国家副主席と同列ってことかしらと。

東南アジアと中国、華僑華人社会の権力構造の中で、中国共産党の影響力から離れた独自の「台湾」という国を持ちたいと頑張ってきたのが李登輝さんでした。日本時代、日本教育の中で生まれ育ったエリートだからであり、親玉にヘイコラして自身をご安泰にする、イギリスの植民地教育を受けたリー・クアンユーさんとは違っていたということかなと。

宮崎　あのシンガポール後継王朝は、やはりシナ人らしく内輪もめを派手《はで》に展開中ですね。ただ、李登輝さんのいう「武士道」というのは、新渡戸稲造《にとべいなぞう》（思想家・教育家）の『武士道』、言ってみればキリスト教的な、キリスト教徒にも分かるコモンセンス的な、人間の本来の振る舞いとかモラルを英語で論じた「武士道」だった。我々日本人が古来より考えている武士道というのはちょっと違うし、『葉隠《はがくれ》』（武士道を論じた佐賀藩士の書）とか三島由紀夫《みしまゆきお》と、李登輝さんとは何の関係もないんだよね。その点はいっぺん李登輝さんに突っ込んで聞いたことがあるんですよ。「閣下、三島事件（作家三島由紀夫の割腹自殺事件）の時、どういう衝撃を受けましたか」とうかがったら、きょとんとされているので、あれ？　と思ったのですが、考えてみれば、あの頃の台湾は独裁国家で情報が何も伝わっていないんですよ。

だから、三島事件の本質を李登輝閣下といえども理解できないということがよく分かった。

注1　李登輝　一九二三〜　台湾の政治家。台北県《タイペイけん》出身。京都大学、台湾大学、コーネル大学などで学ぶ。蔣経国《しょうけいこく》に見出され、一九七二年行政院政務委員、七八年台北《タイペイ》市市長、八四年中華民国副総統、八八年、蔣経国の死去により、本省人《ほんしょうじん》として初めて総統となる。同年中国国民党主席。台湾の民主化と独自化を推進。二〇〇三年辞任。親日家《しんにちか》として知られる。

羞恥心も愛嬌もないから

宮崎　三十年ほど前に、日本人の中国旅行が自由になって、どおーっとツアー客が行った時期に、みんなが帰ってきて最初に言ったのは、トイレが酷過《ひどす》ぎるということ。まず汚い。それから仕切りのドアがない。アメリカも公園の公衆便所とかデパートのトイレはドアがない時代があった。いまは付いていますけれど。治安上の理由からなかったんだよね。中国の場合は違うでしょ。ドアを付けるという発想が古来からなかったんだから、治安も何も無関係。あれは結局どこから来ているんだろうというところに行き着くのです。

河添　ニーハオトイレですね。「恥」という概念がないってことかしら。

宮崎　やはりそこに尽きるのか……。

河添　羞恥心《しゅうちしん》がないというか。

宮崎　ロシア人との違いはそこなんですよ。ロシア人はまだ、「恥」を知っている。恥《はず》かしそうな仕草をするでしょ。「恥」の概念がある。たとえば私がロシア旅行をしていた時も、たまたま遊覧船でロシア人のごく普通のファミリーと隣り合ったことがあった。それで日本から持ってきた菓子を子供にあげると、ロシアの特有の菓子を必ずお返しにくれる。もらった子供もはにかんで頬を赤らめたりしている。これ中国だったらどうなりますかね。さも当然のように受け取るだろうし謝謝《シエシエ》とも言わないでしょ。文学作品を見てもそうなんですよね。ロシア文学というのは羞恥心が凄くある。中国にはそれが描かれてないんだよね。人前で「赤面する」ということもないんじゃないかな。

河添　シャイでカワイイ田舎の女の子もいますけれど。都市部の中国人は概して、愛嬌がありませんね。これは長年の海外経験でも実感していますが、立ち寄ったショップとかで、「貴女は日本人よね？」と聞かれ、「そうです。なぜ尋ねたの？」と聞き返すと、「ニコニコと愛嬌があるから。中国人はブスッとしていて愛嬌がないわよ」と。

数年前、フィンランドの小都市に立ち寄った時にも、ハンドメイドの小物を販売している、こじんまりしたショップの店長さんが、そんな具合に私に英語で話しかけてきました。で、しばらく雑談したのですが、「先日、中国人が数人ワーワー大声で話をしながら店内に入ってきて、商品をグチャグチャに広げたり、封まで勝手に開けられたり、店内を見事なほどに荒らされ、極めつけは店内でブーッってオナラされた」って。店長さん、私が日本人であることを確認して、その話をしたかったみたいで憮然とした表情で愚痴っていました。

あっ、話がちょっと下級ネタに反れてしまいましたが、中国人とロシア人でかなり違うと思うのは、ロシア人はバレエやフィギュアスケートに代表されるように、視覚的、聴覚的にも美しいものをとことん追求したがります。その延長で恋愛話も好きというか。

おカネの話は二の次、三の次なんじゃないでしょうか。

宮崎 そうそう。人生の生き方とか、人の善悪とか、神様の話が好きですね。

河添 中国人は「これいくら?」「日本のマンションはいくら?」「給料はいくら?」と、常におカネの話題ばかりです。カナダに移住した中国人を取材した際にも、「いま住んでいる家は何年にいくらで購入しましたか?」って聞ける雰囲気だから、単刀直入にあれこれ聞きましたよ。案の定、彼らは得意げにね、答えてくれましたが。

宮崎 いま、いくらで、五年後にいくらになるかが大事(笑)。中国の街を歩いていて、たとえば工事現場があるとしますよね。平気で作業員に「あんた、ここで日給なんぼになるの?」って聞いているし、聞かれた方も「いくらいくら」ってすぐ言うんだよね。そうすると別のスカウトが来て、「ちょっと助けてよ。日給高くするから」と言ったら、その作業員も、平気で翌日向こうの現場へ行きますからね。
台湾でもそう。その典型はレストランだよ。食堂はコック長が一番偉くて、コック長がトレードされると全員を引き連れて行くので翌日から突如、営業ができなくなっちゃう。

河添　シンガポールも華僑華人社会ですし、大同小異ですよね。極端にはオフィスがお隣の会社の社長から声をかけられ、「あなた月給はいくらもらっているの？」「三十万です」「うち三十二万出すよ」「じゃ、来月から」ってやり取りは普通にあるって聞きますから。いずれにしても日本人同士なら、初対面でなくとも永遠に聞かないことを、逆に中国人には気楽に聞けたりします。聞いていないのに、「コレ、いくらで買ったのよ」と自慢してくれますしね（笑）。とにかく話題の中心は、常におカネ。しかも日本人なら銀行でお金を借りるにしても多くは相当に緊張するはずだと思いますが、中国人の場合、地下銀行、サラ金がいいから借りるのだってOK。借りたもん勝ちだから！

宮崎　借りるのは才能だと思っているから。

河添　借りたら逃げるが勝ち（笑）。

宮崎　ただ、最近は逃げられなくなったからね。前は、すぐ逃げられちゃったけどね。

河添　そういえば、ロシア語には日本語の意味と同じ「借りる」、つまり「返す」前提で他者から何かを受け取ることを意味するピッタリの語彙がないと聞いたことがあります。ロシア人にハイと何かを渡したら、「あげた」ことになっちゃうのかな?

ベストセラーは金持ちの伝記

宮崎　上海で六階建てのビルすべて本屋になっている、上海書城《シャンハイしょじょう》へ行って、日本文学コーナーを見ると、「日本文豪」として渡辺淳一と村上春樹《むらかみはるき》が中央に平積みです。東野圭吾《ひがしのけいご》といった複雑なトリックを扱ったミステリ小説が大量に棚を占めています。ああいうのってパズルを読むように読むんだろうね。大江健三郎《おおえけんざぶろう》、安部公房《あべこうぼう》、川端康成《かわばたやすなり》、谷崎潤一郎《たにざきじゅんいちろう》も少数派。あともう一つ意外だったのは山岡荘八《やまおかそうはち》の『徳川家康』が全部翻訳されている。あれはロングセラーですね。中国人にとって家康というのは異質なんだよね。要するに「鳴かぬなら鳴くまで待とうホトトギス」というふうに、ずっと耐えるというところが中国人にない発想で、そういう政治をやったのはどんな人物なのかは中国人の興味をそそるのでしょう。

でも、本屋の店先にうず高ーく積んである本は何かというと、だいたいマイクロソフト社の創立者のビル・ゲイツとか金持ちになった経営者の自伝、フェイスブックのＣＥＯとか。アップルだとかもうとにかく大金持ちになった人、二番目にどうやったら金持ちになることができたかといったハウツー本が売れる。経営哲学とかそういうものは二の次、三の次、四の次。とにかく金持ちの伝記は大好きね。

河添　それって、日本もそうですよねぇ。

宮崎　いや、日本人も好きだけど、あんなにあからさまじゃないですよ。他にもちゃんとベストセラーが出ています。しかも日本だと、教養のある本がたまにはベストセラーになるじゃない？　それで「金持ち本」の次に中国で売れるのは『地球の歩き方』のデザインを丸ごと真似た、中国語版『地球の歩き方』。

河添　本屋さんで必ず見かけますね。

宮崎　これはベストセラーですよね。おそらく最初は海賊版だったのでしょうね。でもいまは違う。中国人がもうこんなに世界中へ行って、彼らの情報で独自の編集をしているから、日本版についても、たとえば小田原城が詳しく出ている。小田原の先に早川《はやかわ》という漁村があって、そこにある「漁師めし食堂」が取れたての魚料理を安くふるまってくれるというので、それがなんと中国語のガイドブックに出ていて、行ってみたら中国人だらけでした。日本人より多いんだよね。だからそういう意味では独自の取材を行い、中国人好みの場所を紹介するようになって進歩はしています。

ところで、中国のロングセラーは何か。『論語《ろんご》』『大学《だいがく》』『中庸《ちゅうよう》』なんて思うじゃない？全然関係ないんだね。『厚黒学《こうこくがく》』というのあるんですよ。厚かましく腹黒く生きよと説くロングセラー。

河添　そんなこと教えなくても、みなメチャ厚かましいのに！

宮崎　『厚黒学』の他には『三字経《さんじきょう》』がある。三字経というのは三字のお経、これを共産党政権になって全部翻案したんですよ。『新三字経』というんだけれども。「人之初　性本善　性相近」とか「昔孟母　択隣処　子不学　断機杼」とか、三字でモラルや人生訓を表わし、唱歌のように覚《おぼ》えた。

ここに目をつけた中国共産党が、共産主義革命のプロパガンダに利用して、毛沢東は太陽の子とか周恩来は神の業《わざ》によってとか、みんな三字に熟語を並べ替えて、大事な道徳をすり替えちゃったんで、それ以来この本売れてないんだけども、以前はだいたいみんな三字経という「教養」の書があったんです。もの凄く安い、一冊五元ぐらいで買えたのね。それも、最近本屋へ行っても見なくなりましたね。

腹黒いのが好きだから『厚黒学』がロングセラー

宮崎　孔子や孟子を生み出して礼節を重んじるはずの中国では、誰も孔子や孟子なんか信用してない。そのくせ「孔子学院」を世界中にばらまいている。「厚黒学院」を作る方が民族性に合っているだろうに（笑）。ともあれ、『厚黒学』という李宗吾の本が中国では一千万、二千万部を超える大ロングセラーなんだけど、日本では徳間書店から翻訳本が出されたけれど、一万部ほどしか売れてないんだよ。この本の趣旨は、人間は厚かましく、かつ腹黒く生きよう、それが一番だということです。中国伝統の儒教的価値観をぶっ壊した天下の奇書ですよ。喜怒哀楽を表に出さぬが「厚」。いったん事をなせば人情をも顧みぬが「黒」。

中国人を知るためには必読の一冊？

「厚」こそこの世で人が生きる上での大本《おおもと》であり、「黒」こそそれを達成する王道である。されど、「厚黒」は仁義・道徳のオブラートで包むべしと。

いい官僚になるには、暇を作り、うまく立ち回り、ホラを吹き、人をおだてて、脅迫し、物品を贈ることが肝要だと。

河添 中国共産党員のための〝党訓〟みたいなものがあるってことですよ（苦笑）。

宮崎 日本で、こういうのを人生訓として読む人はそんなにいないでしょ。だから、中国では一千万部、二千万部のベストセラーになっても、日本では売れない。日本で読む人は、中国で商売やって挫折した関係者が、これを読んで「なるほど、中国人はそうだったのか……」と反省するために読んでいる（笑）。

日本人は結局、腹黒の人間は嫌いだということの現れだと思うね。それで第一章でも少し話の出た、河添さんの言うところの「文明」なんだけども、日本で文明といえばcivilizationで、文化とはまったく違うんだけども、中国の場合の「文明」というのは「モラル」という意味が強い。おそらくモラルが一番の意味ですよ。自分たちにはモラルがないから、だからモラルというか礼儀正しい人間になることが文明だと認識はしているんじゃないの。

河添　一定の知識人は認識しているとして、全体的にはナカナカそうならないですねぇ。

宮崎　店なんかに行くと「青年文明号」なんて表彰状があるじゃない？　はじめ何の意味かよく分からなかったんだよね。青年団の何か懸賞でも当たったのかなと思って聞いたら、「いや、これはモデル店という意味ですよ」って。つまり「客への応対がちゃんとしている店だ」と。

河添　そういう意味で使いますよね。

宮崎　「文明」という言葉の意味は、日本語と中国語とでまったく違うという気がしますね。野蛮というのが、中国社会には歴然として残っていますからね。人前で平気で犬を殺して腸を取り出して、平然と食べるでしょ。日本人はおそらく卒倒《そっとう》するんじゃないかと思うんだけど。

河添　赤犬を食べるんですよね。昔から食用の犬がありますね。

宮崎　猫も食べるけどね。それで売られていく犬も、豚よりかしこいから、もう自分の運命が分かったような哀しそうな顔をしている。

犬市場へ行くでしょ。犬を見ていると、寂しそうな目をしているのね。犬の方がひょっとして中国人より文学や葛藤《かっとう》が分かり情緒があるんじゃない（笑）。悲しみをそこはか

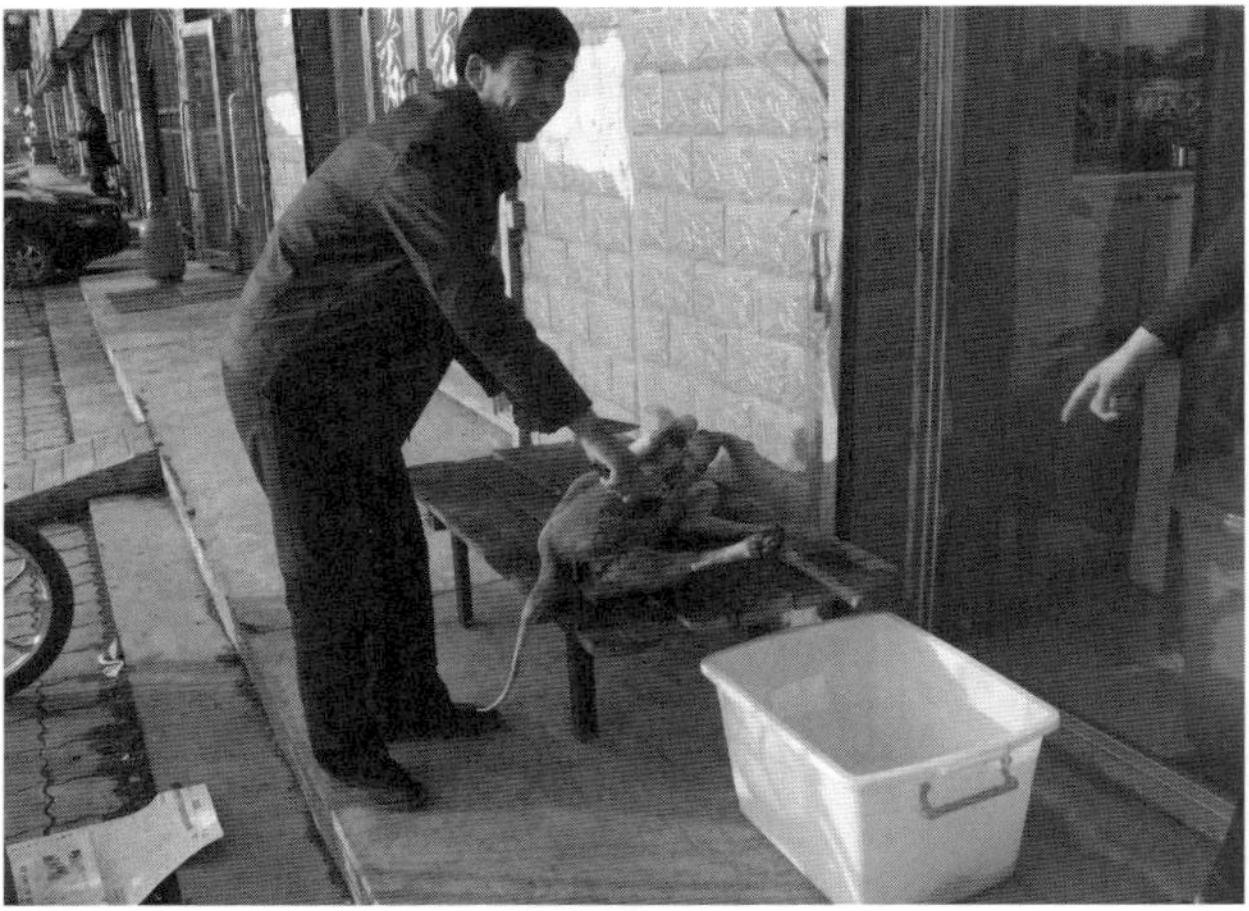
犬を解体する中国人（撮影：宮崎正弘）

となく表現しているんですよ。

文学の話でちょっとまとめておきたいのは、日本には十二世紀から『源氏物語』という大恋愛小説があるんだけども、中国の古典でそんな類ある？　『水滸伝《すいこでん》』や『三国志《さんごくし》』、他にもいろいろ古典はあるけれども、みんな野蛮人の物語ですよね。いかに人を殺したかとか。それから『西遊記《さいゆうき》』はお化けというか、妖怪変化の話ばかりでしょ。口を開けたら炎が出てきて相手を溶かしたとか、何か魔法の瓶の口を開けたら人間が縮んで、その中に入ったっていう、あり得ない荒唐無稽《こうとうむけい》なことばかり書いているんだよね。

『金瓶梅《きんぺいばい》』に至っては、煎じ詰めて言う

と、四人の妾《めかけ》を持っていた男が人妻に惚れて五人目の妾にするんだけども、そのためにその亭主を殺す、それが大筋の話ですよ。いくつもそういうのが輻輳《ふくそう》している話だけれど、人間を大事にするというような視点が何もないよね。莫言《ばくげん》は別にして、アメリカに亡命した鄭義《ていぎ》の出世作『古井戸』だって、人を食う話だからね。一つの村の百年の歴史を書いて、結局延々と人をどうやって食ったかという話ですよ。だから、大江健三郎ですら驚いて、「グロテスク・リアリズム」と形容していた。日本ではやけに褒める魯迅《ろじん》（注1）先生にしたって、本当に何か面白いのある？

河添　『阿Q正伝《あきゅうせいでん》』？

宮崎　それはまだしも、或る作品は、女性革命家の秋瑾《しゅうきん》が処刑される時に、みんな茶碗持っていたって。飛んでくる血を、茶碗に受けて飲むために。魯迅文学の最高峰はこれだと言われているぐらい。どこが面白いのやら。日本は過大評価です。彼は反政府的だったので、革命後、毛沢東が利用し、同時に日本の左翼作家が持《も》ちあげた。上海にある魯迅文学館なんて、あれすべて日本からの寄付《きふ》で建てられたようなものです。孫の周令飛《しゅうれいひ》はそんな中国がイヤで、台湾に亡命したでしょ。だから中国の文学の話を語り出すと、ほんと疲れてしまう。

河添　残虐、グロテスクの二言かな……。

注1　魯迅　一八八一～一九三六　作家、思想家。浙江省紹興《しょうこう》出身。周作人《しゅうさくじん》の兄。一九〇二年日本留学、仙台医専（現東北大学医学部）に学び医学を志すが、民族性改造の可能性を文学に見て方向を転向した。一九一八年の処女作『狂人日記』で中国の旧体制を批判。一九二一年の『阿Q正伝』では中国国民の劣弱性を曝《さら》し、辛亥革命《しんがいかくめい》の無価値さを批判した。この作品は中国現代文学の代表作と評価する人もいる。

第三章　中国・朝鮮半島に生まれなくて良かった

中国・北朝鮮に生まれず日本人は幸せ

河添　中国大陸に暮らす、大多数の一般人民。彼らのDNAに文明なのかモラルなのかが染み渡らないのは、いつの時代も支配層が自身に権力そして富を集中させること、私物化するための〝闘争〟に明け暮れてきたからです。この瞬間も同じです。隣国の支配層に共存共栄という文化風習を理解し実践してもらうのは、それこそ遺伝子組み換え治療の領域だと思っています。共産党支配になる前からですが、中国の支配層にとって自由、平等、民主など不要どころか、民は奴隷《どれい》と同義語で、とことん搾取《さくしゅ》する対象でした。陳桂棣《ちんけいてい》・春桃《しゅんとう》の『中国農民調査』（文藝春秋）は、税金や公金をでっち上げて農民を搾取する共産党の地方官僚たち、抗議する農民を平気で殺害する警察や公安。リアルな実態を記した暴露本で、すぐ発禁処分となりましたが、農民も農奴《のうど》なのです。

殺伐《さつばつ》とした弱肉強食の社会の中で、強烈な不満や怒りを抱えながらも生き残るためには人民も「上に政策あれば下に対策あり」でずる賢くならざるを得ず、それがDNAに深く刻み込まれてきた末裔《まつえい》なのかなと。日中戦争や国共内戦が終わった後も、日本のような「戦後」はなく、大飢饉もあり大量に餓死もしています。文化大革命期は怒りや不満が刻印されたDNAのスイッチが完全ONに入っちゃって、クレイジーな殺戮《さつりく》大陸と化したのだと考えています。

宮崎　中国人とて、日本に住んでいて二代、三代になったら、おカネは相変わらず好きかもしれないけど、社会マナーくらいはまともになるんじゃないですかね。

河添　日本の華僑華人は、アメリカやカナダなどの移民国家の華僑華人と比べると現地化、すなわち日本人化が極端に進んだって話も聞いたことがあります。でも、それはネットもない昭和時代の話であって、いまは情報社会ですからね。しかも中国人の移民が増え、日本を含む世界各地でコミュニティが拡大していく中、中国政府が海外在住中国人までより強くコントロールしていけば、中国人は今後もますます中国人のままでしょうね。

とすれば、日本社会にいつまでたっても馴染むことなく、子供手当とか生活保護手当とか国民保険とか、いいとこ取りだけはしながら納税などの義務は果たさず生きる輩が増えていきますよ。

宮崎　中国や北朝鮮に生まれず、日本にいるということだけでも、我々日本人は幸せです。たとえば元韓国大使の武藤正敏さんの本のタイトル『韓国人に生まれなくてよかった』じゃないけど、「土地」の意味で、『中国・北朝鮮に生まれなくて良かった』（笑）。黄《こう》文雄《ぶんゆう》（台湾出身の評論家、哲学者）さんが度々言っていますが、中国人の若者は「豚でもいいから、次は中国の中国人として生まれたくない」と答える人が凄《すご》く多いらしい。

河添　欧州で車窓から見た草を育む牛たち、人口より多いニュージーランドの羊たち、ホント幸せそうに見えますが、中国は農村地帯の水牛などそうですが、苛酷な運命に打ちひしがれている感じ。人間でなくとも、隣国では穏やかで豊かな生活ができそうにありませんね。

宮崎　砂漠化で動物が育む草も生えない内モンゴル自治区の牛や馬や羊のように、遊牧民のモンゴル族と一緒に強制移住させられたりね。

河添　で、地球ゴミとなる無用な乱開発をね。建った矢先に、誰も住まない巨大な鬼城（ゴーストタウン）の登場ですから。

宮崎　オルドス市カンバシ新区、行ってみたけれどあそこはヒドいね。「中国最大のゴーストタウン」として世界的に注目されたけれど、抜け殻状態はいまも続いています。

河添　中国人は自然を愛《め》でない、自然と共存共栄する知性やノウハウを持たないことも悲劇を生んでいると思います。これが決定的な日本人との違いです。

「カジノ」人生

宮崎　それにしても中国人、中国人ってみんな言っていますが、最近は、「中華民族」と言い換《か》えることも多いとはいえ、「結局、中国人、漢民族って何？」と聞いたら、そこはもの凄く曖昧《あいまい》ですよね。楊海英さんが、『逆転の大中国史―ユーラシアの視点から』（文藝春秋）でも指摘していましたが、要するに漢字を使って、中華料理を食べていれば漢民族ということにされている。チベットもモンゴルも同化されてきたから中華民族、ってわけですよ。鮮卑《せんぴ》（古代アジアの遊牧民族）も匈奴《きょうど》（古代アジア北方の遊牧民族）も、千年以上にわたって同化してきているから、その成れの果てがいまの「漢族」「漢民族」なんでしょう。人種的にいえば、北方系から南方のミクロネシアまでのミックスです。

戸籍がまだ緩やかなりし頃、朝鮮、特に満洲人《まんしゆうじん》は漢族って書き替えたでしょ、民族欄を。それが一人っ子政策になったら、満洲族とかチベット族に直した。二人産めるからってことで。自分が戸籍に「漢族」って書けば、いまの法律上は「漢族」に識別されるでしょ。

河添　東洋史学者の岡田英弘先生の書籍を何冊か拝読しましたが、やはり漢字を使う、中華料理を食べている、そして都市に暮らしたがる民が「中国人」というか「漢民族」とカテゴライズされていました。その通りだと思います。私なりのキーワードも加えると、農業が嫌い、人間や自然との共存共栄のノウハウを持たず、都市に住みたがり、衛生観念が低く、維持管理が不得手で、おカネ至上主義で、博打《ばくち》好き、いい加減、刹那《せつな》的、あたりが現代中国人の大雑把な特徴ではないかと。要するに、日本人のようにおてんとうさまと向き合い、土と向き合い、田畑を耕すような、そんな地道な働き方とは最も縁遠い人達というか。日本人ほど衛生観念に秀《ひい》でた民族はいませんが、その真逆というか。

世界に散らばる華僑華人についても知る限り当てはまりますし、出身地域は異なれど、ある種の〝民族性〟と捉えています。

宮崎　庶民の末端に至るまで、博打大好きですからね。

河添　漢民族の理想的な生活空間って、ディズニーランドとラスベガスと屋台街と学園都市が合体したような場所ですよ。植木はホンモノそっくりの造花でいいんです。水も肥料も不要でコスパがいいから（笑）。

宮崎　「カジノ人生」みたいなもんですよね。だからマカオには二十四時間営業の豪華《ごうか》

朝からバクチに励む（撮影：宮崎正弘）

なカジノのホテルが二十五棟もあって、数年前に本場ラスベガスの売り上げを抜いて世界一の賭場《とば》になった。まだ中国にはパチンコがないでしょ。スロットマシーンもない。庶民は、朝から何をしているか。賭けトランプをやっている。公園へ行くと、将棋もやっている。中国将棋というのは勝負が早いですからね。勝負が長いのは麻雀。麻雀は大っぴらにやると、音も出るしガラガラうるさいし目立つので、ホテルの部屋を借りて「会議中」と称して一晩中やるか、制限が最も厳しかった時はみんなで船を借りて、湖に浮かべてやるんですよ、徹夜麻雀。もの凄い掛け金が飛び交うでしょ。庶民だって一日のメシ代ほど賭けるからね。

河添　路地をふらりと歩けば、数人が空地に集まっていて真剣な眼差し。賭け事をやっているなって、すぐ分かっちゃう。

宮崎　末端の、底辺にいる労働者たちの末路はどうなるか。たとえば都会の建設現場に、ある村から五人、十人ほど来るじゃない？　半年ほどして契約が終わったら、親方が相当ピンハネしながら給与を渡すんだけれど、そのカネは自分たちのフトコロにストレートには行かないんだよね。出稼ぎ期間にやった博打の負けで、ほとんどみんな吸い上げられて、結局、何も残らない。ヤクザが吸い上げる仕組みになっているんだよね。それが中国の飯場《はんば》の常識。そういう悲劇の繰り返し。でも労働者たちはケロっとしている、恨まないんだよ。それが自分の運命だと思っている。

河添　刹那《せつな》的で反省や後悔がないからかな？　半年間、寝る場所もあって毎日三食にありつけたから良しってことかな。日本人はアリとキリギリスの話じゃないですが、アリ的な人が圧倒的で、横並びのお給料をいただきながら計画的な暮らしをしたがりますが、中国人というのは末端から成金まで、そういう人生ではないですよね。チャンスさえあれば、持家を担保に借金してでも新たにマンションを買って、値上がりしたら即、転売してガッツリ儲けて、また新たな商材を見つける、その繰り返しですから。

宮崎　庶民レベルでも、株は異様な集中度。日本の株のバブルと、向こうのバブルは全然違う。不動産投資なんてまさしくそうでしょ。みんなが目の色変えて、熱中しているんですからね。

河添　この十数年、世界の不動産を〝浮動産〟にしたのが中国マネーです。マンションは暮らすためではなく、株券と同じ投機目的の商材。困ったものです。

強い同族・同郷意識

宮崎　カネにあくせくというか、金儲けに最も執着する中国人といえば、やっぱり広東《カントン》人《じん》じゃないかと思うね。福建《ふっけん》は割とまともなところがあるし、北方の人間というのはさほど商業に向いていないような気がする。昔から南船北馬《なんせんほくば》という言葉があって、北の中国人と南の中国人は背格好もまるで違えば性格も違うし、もちろん当時は言葉も異なっていたから、まったく異質の人間だったでしょ。

いまでも北京・上海・広東を見てみると違いが分かる。たとえば、広東人は「おはよう」

の代わりに「儲かりまっか」でしょ。福建に行くと、「おまえ飯食ったか」が挨拶です。中国全土、だいたいそうだったけど、いま変わってきたんじゃない？　大連はどうでした？

河添　「どこ行くの？」だったかも。当時は街中で珍しい日本人だったし、監視されていたのかなぁ（笑）。

宮崎　福建省の山奥へ、タクシーの運転手を雇って行ったことがあるんだけれど、「飯食ったか」って聞くんだよね。もちろん「食ったよ」と。また聞くんだよね、「飯食ったか」って。こいつなんか食事をしたくて俺にたかろうとしているのかな、と思ったんですよね（笑）。よく考えて、あ、そうか。「おはよう」って言っているだけか。だから逆に言うと、何で「おはよう」の代わりに「飯食ったか」になったの？　つまり「今日も飢えから解放されて、ちゃんと食事にありつけたか」というのが、結局、「今日もお前は生きているんだ」ということで日常の挨拶になったんですかね。

河添　中国人の娯楽は食べることですからね。ちょっと食べ過ぎのようにも思いますが。海外でたとえば、上海人エリートを取材すると、彼らに紹介された先もその先も上海人になるんですよね。北京人には至らない。私が冗談のように「あなたの周りには、北京人の友達いないの?」て言ったら、「いるわけないでしょ」と笑われました。

宮崎　知っていても絶対、紹介しないんですよ。

河添　人間関係の基本は同族であり家族、その次が家族に準ずる関係、たとえば義兄とか義妹とか。それから同郷ですね。広東人は気のせいか、北京語を話す人間を好まないような。だから広東人と会う場合は、英語が話せる相手なら英語で会話します。いずれにしても同郷意識というのは、海外でも感じました。

宮崎　昔よく香港に行っていた頃、店名は忘れたけれども、そのクラブは上海人だけしか入れないところでね。犬と中国人はお断りではなくて、犬と非上海人はお断りのクラブだった(笑)。広東の人間は上海人が大嫌いだから、ほぼ口も利かないんだけども、ビジネスのパートナーも全然違うんですよね。ということはやっぱり広東と上海なんて、昔で言えば呉越同舟《ごえつどうしゅう》じゃないけども、相互に何度も戦争した仲。宋《そう》の王朝が揚子江《ようすこう》を渡って広東に逃げてきたという故事があり、その子孫たちが広東に住みついた。

そういうこともあって、やっぱり中央に対する名状しがたい反感というか、北京に対する自然発生的な敵愾心《てきがいしん》を広東人は持っていますよ。その点、上海はどちらかというと、政治的なことはさほど好きじゃない。日本で言うと、文明開化期における横浜《よこはま》とか神戸《こうべ》のような存在といえます。

天津《テンシン》も似ていますけどもね。早くから港が開けた街は、どちらかというと国際的で、発想が自分の故郷とか小さなところにこだわらないですよね。それよりも商業で儲ければいいって感じじゃないの？　そういう意味では北方の人間、特に満洲人は融通が利かなくて、袖の下も受け取らず、中国では珍しい正義感があったりする。

満洲、チベット文化は淘汰され

河添　中国人と結婚して北京に住んでいる知人が言っていましたが、「いろんなことを頼んでも、結果、裏切らないのは満洲人なのよねぇ」と。満洲人は中国人を嫌っていますしね。

宮崎　北池袋に旧満洲、とりわけ黒龍江省出身が集中しているのは、残留孤児が帰国後に縄張りとした関係からです。満洲人の清王朝《しんおうちょう》の時代に、自分たちの満洲語ではなく北京語を王宮の言葉にしてしまった。それで清の王朝が、その前のシナ人の小王朝だった明《ミン》の文化を引き継いだ。だから満洲独自の文化は半分以上なくしてしまった。それでも満洲の行政単位というのは、満洲八旗《まんしゅうはっき》とか旗。だから県名、村名じゃなくて、旗から分かれていくという独特の行政単位がありました。責任請負制ですから、そこから多少は忠誠心が生まれたと思う。漢族の場合、その単位がない。しかし歴史学者の宮脇淳子さんの説によると、いまもう満洲語をしゃべれる人は五人もいないってね。

河添　そうらしいですね。

宮崎　だから、満洲人は自らの文化を捨ててしまった。文化の一番大事なところは言葉ですからね。

河添　満洲語の古典が読めなければ、文化や伝統は急速に失われていきますよね。チベットも一緒です。経典を誰も読めなくなってしまったら、満洲族と同じ悲運に……。

宮崎　ほんとうに恐ろしいよね。この間地震のあった九寨溝《きゅうさいこう》の山の麓で足裏マッサージに入ったことがある。たしか日本円で三百円だったかな。そしたら女の子がチベット人。色が白くて、かなり美形なんだよね。どう見たって北京系かなと思って、いろいろ話をしていたら、「私たちチベットです」「あ、そう？　じゃ、チベット語しゃべれる？」って尋ねたら、「両親は話せるけれど、私たちの世代はまったくしゃべれません」と。それだけもう漢民族に馴化《じゅんか》させられて、言葉が消されている。これ、チベットの深刻な問題ですよ。ウイグルはその点ではまだ言葉をしゃべれるけど。南モンゴルについては詳しくないけれど、おそらく内モンゴル自治区はモンゴル語禁止でしょ？

河添　おそらく、学校の授業では教えないでしょうね。

宮崎　だから、若い人はしゃべれなくなっていると思いますよ。

河添　民族文化は淘汰《とうた》されて、そしてみな漢民族の仲間入りってことでしょうか。日本が朝鮮半島でハングルを容認して広めたのとは、大違いですね。

宮崎　漢民族以外の話になったけれど、実はもっと大事な問題が中国国内にあります。北京語で統一されて以降、上海人の若者は上海語をどんどん忘れている。四川語《しせんご》、湖南語《こなんご》、湖北語《こほくご》……と、みんな消滅しかけている。広東もそうですよ。ただ広東は近年、広東語教育を復活しようという運動がある。

河添　共通語としての中国語は普通話《プートンホウア》ですが、地域それぞれの特色が薄まっていくってことでしょうね。共産党の方針です。

宮崎　そうそう。全体主義国家だから、ここまで急速に言葉の統一ができたと思う。スペインでは、カタロニア（カタルーニャ州）が、カタロニア語を復活しているだけでなく、あわよくば「独立」しようとしているわけですよね。

河添　マドリッドのテレビで観る『ドラえもん』はスペイン語、カタルーニャ州の州都バルセロナで放映される『ドラえもん』はカタルーニャ語での吹き替えですから、ドラえもん、凄いなぁと思っちゃいました（笑）。

宮崎　イギリスに行ったら、スコットランドはもともとケルトだから、ケルト語をしゃべれるはずなのに、ケルト語をしゃべれる人は千人、二千人ほどしかいないんじゃないかな？　だんだん消えていく。ところがウェールズへ行ったら、ウェールズ語と英語とで道路標識が併記《へいき》されていて、年寄り連中はやっぱりウェールズ語をしゃべるんですよね。英語をしゃべれない。若者は英語もウェールズ語もしゃべりますが。ロンドンへ行ったらまた違う。ロンドン訛りの言葉というのは、たしかコクニーって言いますが英語の標準語じゃないよね。

河添　いま、ロンドンは旧東欧諸国や中南米からの移民も多いので、さまざまな英語が飛び交っていますしね。

宮崎　もともと、キングスイングリッシュというのは発音がやさしいしね。日本人が一番理解できるのは、キングスイングリッシュです。それはともかくとして、中国は地域性がいままでは濃厚で、ちょっと知り合っても、あ、この人はどこの人というのが分かったよね？　いや、日本でもそうでしょ。初対面の人で訛《なま》っていると、「あ、あんた、茨城でしょ？」とか、だいたい当てたじゃないですか。私は金沢出身だけども、大学生になって東京に来て、あまりの言葉の違いに愕然《がくぜん》としたことがあった。いまでも九州や東北の人はすぐ分かるよね。

それから県民性、それぞれの出身地域の特色もありますね。たとえば石川県だと、加賀百万石というのは加賀・能登プラス富山の半分を持っていたんです、高岡から富山まではね。富山の人間にとって、金沢ほどけしからん類はいないんですよ。だから、いつか必ず金沢を見返してやるというのは、これ百年の宿痾《しゅくあ》のような富山人の怨念《おんねん》です。いま全国で一番所得の高い県、独自の県民性を作ったのは、ひょっとしたらそこに原点があるんじゃないかと私なんか思っているんだけどね。

日本でもこういった県民性の違いはいろいろとあるわけで、中国人の間でも上海にとってはおそらく、すぐ南にある寧波《ニンポー》の人脈が嫌いではないかと思う。寧波についてはまた触れますが、どこでもほら、隣近所って一番付き合いにくいですからね。

河添　言葉が通じない人とは、付き合いたくないんですよ、単純に面倒くさいから。

宮崎　そりゃそうだ。

河添　相手を分かろうと思う共感がないわけですから、なおさら。要するに、一番楽なのは同郷の人。同じ言葉なので、同族同郷の人たちと付き合うのが基本になります。しかも、他人が理解できない言葉は、ある種の隠語、秘密のやり取りになるじゃないですか。だからそれが重要だったのですよね。上海出身者が海外で上海語を話すのは、北京人に聞いてもらう必要がないから、自分たちの内緒話でいいわけです。

潮州、寧波、湖南……属地性のダークサイド

宮崎　つまり北京人は北京人、広東人は広東人という「属地性」は一生取れない。さらには広東一つとってみても広いから、その中でどの地域出身かも問題になる。アメリカへ最初に進出した華僑は、広東省の開平《かいへい》からですが、いまでも開平出身者だけで暮らし、同郷の者しか信用しないコミュニティがアメリカにありますよ。
　それから広東省潮州市生まれの李嘉誠《りかせい》。香港の長江実業グループ創設者で会長ですが、彼は潮州出身者だけで周囲を固めました。李嘉誠ビジネスは、この潮州人脈でぶくぶく太ったんだけれど、実は、ここは中国で最も凶悪なギャングの分布地でもある。ソビエ

トでいうチェチェンですね。「李嘉誠は香港フラワーで儲けた」なんて言われていますが、造花販売でそんなにカネが儲かるわけがない。麻薬かもしれません。

河添 要するに、李嘉誠さん、そして長江財閥は長らく、イギリスのシティというか金融ワンワールド系の世界権力者らの代理人だったわけですよね？

宮崎 現代史の闇、というかダークサイドだね。我々がその領域に踏み込み過ぎると命がなくなるかも。気をつけた方がいいよね（笑）。

河添 ヤバッ。拙著にもそういった関連、書いていますし講演会でも時々話をしたりしています（笑）。

宮崎 もう一つ特異な人脈地図は、浙江省寧波にある。秀吉《ひでよし》の頃の日本は、この寧波と貿易をしていました。倭寇《わこう》（十三〜十六世紀頃、朝鮮、中国沿岸を略奪した一種の海賊集団）の出撃地点も寧波です。遣唐使もここに上陸したし、日本への仏教伝来の窓口にもなった。ついでに言うと、蔣介石の出身地も寧波の山奥です。この寧波にいた人たちの中には共産主義が大嫌いで、上海の商業資本家と共に香港へ逃げた一団があった。香港の歴代行政長官は、寧波人脈も目立つはずだよ。初代の董建華《とうけんか》は寧波出身だね。

河添 二〇一七年七月から行政長官に就任した林鄭月娥《キャリーラム》（前政務官）さんも、香港生まれですが本籍地は寧波のようですね。

宮崎　寧波人脈がなぜ、これほど大きくなったかというのもダークサイドがある。つまり中世から貿易に携わり、船を動かすことによって、船の能率的運用や造船の技術を持っていました。戦後の日本が造船の復活を言い出した時に、どうしたかというと、韓国の旧財閥と同じで、とにかく船舶の注文を取ることに躍起になります。注文を取ったら、銀行は製造のためのおカネを貸すというシステムを作った。

そうすると、この香港に逃れた寧波財閥は、日本の造船人脈とくっ付いて、とにかくバンバン発注する。カネもないのに。それで日本は、ほら、注文が来たからと銀行融資を受けて、どんどん船を造って輸出する。それを彼らは次々と転売する。支払は延払《のべばら》いね。だから世界の海運の当時の寧波人脈というのは、相当のマージンを取った。これ、日本のお陰なんですよ。日本の造船制度をうまく利用して大きくなった商人がかなりいる。

あと、毛沢東の湖南閥《こなんばつ》かな。毛沢東は湖南の山奥出身ですけども、湖南省というのはこれまた中国の中でもかなり民度が低い地方。それで辛亥革命《しんがいかくめい》（注1）の時に「湖南の兵隊が来るぞー」っていったら、みんな真っ先にお釜《かま》を持ち出して逃げた。中国兵が来ると、何も残らないというような凶暴性の逸話がありますけども、あれはほとんど湖南出身の兵隊なんだよね。とにかく何でもかっぱらう。それが戦争だと思っているから。ソ連兵もびっくりだろうね。だからその湖南から出てきた毛沢東が、いかに狂暴かということを、私は強調しておきたい。大躍進、文化大革命期での死者が数千万人というのも無理ない。そこへ行くと、周恩来があの中国人の中でまともに見えるのはなぜかというのは、あれは……。

河添　究極の詐欺師だからでしょう(笑)、特務機関のボスですからね。

宮崎　彼は江蘇省淮安《わいあん》の名門出身。昔から豊かな家で育ったというのは、どことなく心に余裕があるんだよね。

河添　京劇役者に見えますがね。

宮崎　周恩来について補足すると、日本に留学して神田で何をしていたかということは、だいたい分かっています。漢陽楼《かんようろう》という周恩来が毎日、食事に来ていたという中華料理屋があるじゃない?　いまは結構、値段が高くなったよね。周恩来はそれから京都《きょうと》に移っていますが、七カ月間そこで何をしていたのかはまったく分からない、謎なんです。おそらくスパイ活動やら、特殊工作をやっていたんだろうって推測だけなんだよね。

注1　辛亥革命　一九一一年、辛亥の年に起きた革命なのでこう呼ばれる。翌年、清朝は滅亡し中華民国が成立した。一九一一年十月十日、武昌《ぶしょう》軍隊が蜂起《ほうき》すると、各省の軍隊がこれに呼応して革命の機運が高まり、一九一二年一月一日、孫文が臨時大総統に就任し、共和制を宣言して中華民国が南京に誕生した。しかしいくたびかの抗争ののち孫文は亡命、袁世凱が勝利を得て大総統に就任した。

世界権力と結託した客家人

河添　独特なのが客家人《ハッカじん》です。華北を北方系の遊牧民に征服された北宋の頃から、南に移住していった漢民族の子孫とされ、歴史的には中原（黄河中下流）に血縁・地縁を持つ氏族ですが、中国南部の広東省・福建省・江西省などに居住し、土着の人からは「外来の客人」として区別されてきました。

客家語は唐宋時代の中原の漢音にもとづく言語とされ、独特な生活様式にも特徴があります。客家は中国大陸を南下し移住していった後、一部は海外に出ていきました。そして十九世紀頃には世界的なネットワークを構築していったのです。それから客家の女性には歩くのが困難になる纏足《てんそく》の習慣もなく、男女共に教育水準が高い傾向にあり、「中国（東洋）のユダヤ人」との別称もあります。

宮崎　客家人たちは、日本で言う平家落人《へいけおちうど》物語みたいなもの。その中でも宋の南宋《なんそう》が滅ぼされて、山の奥か海外へ逃げるんだよね。山の奥へ逃げた人たちは、客家だけで集落を作ってお城を造った。客家土楼《ハッカどろう》と言います。

河添　タイプとして円楼や方楼がありますね。私、福建省の奥深くまで行って円楼の内部を取材したことがあります。巨大な集合住宅で、物知りの長老が子供たちに勉強を教えていました。

宮崎　その土楼の周辺の畑を耕し牛馬を飼い、自給自足をしていたんだよね。だからもの凄く団結心が強い。

河添　二十世紀初頭の中国において、客家は欧米日への留学が目立ち、日本社会を含む西側に通じる革命家や支配層になっていきました。清朝に反乱を起こした客家の革命家らは、「キリスト教の信仰を紐帯《ちゅうたい》」としました。

太平天国（一八五一年末から一八六四年まで、清朝打倒を唱えて揚子江流域を中心に広く各地で革命運動を展開した革命政権）の指導者である洪秀全《こうしゅうぜん》、辛亥革命《しんがいかくめい》の指導者であり中華民国の国父である孫文《そんぶん》、宋慶齢や宋美齢、孫文の金庫番だった廖仲愷《りょうちゅうがい》と妻の何香凝《かこうぎょう》、その息子で対日交渉の最高責任者で一九六三年から亡くなるまで日中友好協会会長だった廖承志《りょうしょうし》、フライング・タイガース（飛虎隊）を指揮したクレア・L・シェンノート将軍の寡婦、陳香梅（アンナ・チェン・シェンノート）なども客家です。

宮崎　鄧小平、台湾の李登輝元総統も客家だね。

河添　二〇一六年五月から台湾の総統に就いた蔡英文《さいえいぶん》さんもハーフ客家、それから民進党の呂秀蓮《ろしゅうれん》元副総統もです。東南アジアにおいても、政治家や銀行を所有する大物実業家らを多く輩出しています。シンガポール建国の父リー・クワンユー、息子シェンロン首相、第二代首相で現上級名誉相のゴー・チョク・トン、タイのチナワット家の史上初の女性首相インラック・チナワットやタクシン元首相、フィリピンのコファンコ家のコラソン・アキノ元大統領やベニグノ・アキノ三世なども客家の血が流れています。

タイガーバームで有名な香港の胡文虎《こぶんこ》さん、インドネシアのサリム財閥のスドノ・サリム、リッポー（力宝）財閥、それから李鵬《りほう》元首相、朱徳《しゅとく》（中国人民解放軍の初代元帥）、葉剣英《ようけんえい》（中国軍元老）、九州帝大医学部卒の郭沫若《かくまつじゃく》（文学者・歴史家・政治家）なども客家です。

宮崎　少数派として迫害されてきた人々にとって、一番大事なのは何かっていったら生き延びるための情報とカネだよね。

河添　そのためにも、時の権力者に擦り寄ったのでしょうね。

宮崎　客家人は処世術に長けているよね。インドネシアの金融危機で一時大変だったけれど、大手財閥のリッポー・グループ（力宝集団）も客家だし、タイで流通を牛耳っているチャルーンポーカパン（CPグループ）も客家。こういった客家の発想は、流れ着いた先でもしぶとく生きて、そのために何をすればいいかといえば、製造業はやらないという共通項があるね。スーパーとか流通を押さえる。あの東チモールにも数千人の客家がいます。

河添　東南アジアの銀行も、客家による経営が多いですよね。もとは高利貸しでしょう。

宮崎　そこもユダヤと同じ。銀行家というのは多いね。

河添　何よりも、エリート客家人と左派ユダヤ系は、政治とメディア、金融支配などで一世紀以上、世界各地で深く連動し合ってきました。日本人にとって最悪なのは、彼らが強烈な〝反日プロパガンダ〟で連携してきたことです。情報戦がスタートしたのは、一九三一年九月十八日、満洲事変（柳条湖事件）が勃発し、翌年三月に日本が満洲国の建国を宣言した頃からです。中国国民党の蔣介石と宋美齢、タイム社を創業したヘンリー・ルースなどが結託していきます。当時の雑誌『タイム』『ライフ』の役割は、中国国民党の蔣介石と宋美齢を持ちあげ、捏造写真を使ってまで日本のネガティブキャンペーンを繰り返すことでした。

宮崎　シナ事変が始まると、上海で撮影された例の有名な写真、「ガレキのなかにたった一人ポツンと取り残された赤ん坊」が雑誌『ライフ』に掲載された。この写真が、ヤラセだったことは後に証明されているけれどね。

河添　ただ、このヤラセ写真が何千回とコピーされて拡散されたことで、欧米諸国の人たちは、日本の虐殺を信じ強く非難するようになったのです。他にも、おぞましい写真を含め、次々と世界に向けて発表していきました。ヘンリー・ルースは、一八九八年に中国山東省のメソジスト派宣教師の家族に生まれた「新キリスト教徒や改宗ユダヤ系」などとカテゴライズされるユダヤ系です。詳細は、宮崎さんもご笑覧くださった『トランプが中国の夢を終わらせる』（ワニブックス）に記したので割愛しますが、「親中」「反日」の構造は、メディアの体質として綿々と引き継がれています。

一九六七年に他界したルースについて、「アメリカの雑誌文化の原点を築き一代でアメリカの雑誌ジャーナリズムを築いた男」などと評価されていますが、ジャーナリズムって一体何なの？　と。プロパガンダそのものです。「フェイクニュースの原点ここにあり」ですね。

乗っ取られそうなマレーシア

宮崎　華僑の歴史の中で、世界最古のチャイナタウンといえばフィリピンですよね。その前に台湾があるけれど、台湾は同化しているから別枠。フィリピンから始まって、東南アジア全域はもちろん、苦力《クーリー》貿易以降は、アメリカにもチャイナタウンができて、中南米にもイギリスにもできて、最近はアフリカにも。アンゴラには四万人ほどのチャイナタウンがある。ジンバブエはもう完全に人民元が法定通貨ですからね。このままだと「悪貨（人民元）が良貨（ドル）を駆逐する」ことになりかねない。人民元の話は、後ほどたっぷりしましょう。

マレーシアは過半数のマレー系人がのんびりし過ぎているから、華人系と中国共産党による結託で今後、国を乗っ取られてしまう恐れがあるね。

河添　はい。マレーシアの第六代首相ナジブ・ラザクと、中国共産党との関係は長く深淵です。父親のアブドゥル・ラザク元首相が外務大臣だった一九六六年八月、中国との平和協定に署名をしました。アブドゥル・ラザクは、第二代首相に就任後の一九七四年五月に北京を訪れ、毛沢東主席や周恩来首相らと会見し、東南アジアで先駆けて共産主義の中国との国交を樹立した、いわば〝中馬関係の立役者〟です。フセイン・オン第三代首相もナジブ・ラザク首相の母方の叔父で、その息子でナジブ首相にとって従兄弟がヒシャムディン・フセイン国防大臣です。

マレーシアは華人の割合が二五％前後と高いですが、ナジブ首相が教育相の時代に、中国語小学校を「国立」に昇格させており、「息子は流暢な中国語を話す。これは私が中国語を重視している表れでもある。マレーシア人が中国語を学ぶことは良いこと尽くめ、奨励すべきだ」とも語っています。媚中《びちゅう》で〝政界サラブレッド〟のナジブさんらしい発言です。

近年は、両国民の教育交流も活発化していて、中国の教育機関をマレーシアに招くこと、マレーシアの大学内に中国政府の予算で「孔子学院」を設置すること、マレーシア人学生を中国の大学へ留学させることなど、奨学金も絡《から》めて推進中です。

宮崎　マレーシア政界は華人系も多いでしょう。ジョホールバルの隣にいまフォレストシティというのを造っていて、五十万人を収容できるマンション群がほぼ完成しているけれど、そこに中国からの移民を受け入れる予定です。さすがに反対運動が起きていますよ。

河添　ナジブ政権に対して、ここ数年、打倒運動の急先鋒となったのは九十歳を過ぎた元首相、マハティール・ビン・モハマド（第四代首相）さんです。彼のフェイスブック、面白いですよ。クアラルンプール在住者に聞いたのですが、ナジブ首相の妻、ロスマ・マンソールさんって相当に厄介なお方だそうです。外見も魔女みたいですが、「マレーシアのイメルダ」と言われるだけあって、贅沢三昧で政界人事にも口を挟む、陰のドンらしいです。

宮崎　「奥様は魔女」というテレビ番組が昔あったけれど、そんな暢気《のんき》な存在ではないんだ。自民党の例の女代議士みたいに、夫のことを「このハゲー！」って怒鳴っているのかな（笑）。

コバンザメみたいなコリアンタウン

宮崎　ところで、ニューヨークのチャイナタウンは完全に〝派閥〟がありますね。

河添　広東系と福建系ですね。

宮崎　広東系の中でも路地によってさらにきめ細かく派閥が違う。もともと広東系が一番強固。ニューヨークのチャイナタウンは、昔のキャナル・ストリートから北上してリトルイタリアを完全に呑み込んじゃって、ブロードウェイの対岸のソーホーまで進出し、いまやあの一帯は、壮大なチャイナタウンですよ。リトルイタリアのイタリア料理なんて五、六軒しかないよ、もう。

河添　中国のマフィアに駆逐《くちく》されてしまったそうですよね。イタリアのマフィアより、中国マフィアの方が強いってことには驚きました。

宮崎　ニューヨークのチャイナタウンを原型として、チャイナタウンの周りにへばりつく民族がいる。コバンザメみたいに、必ずコリアンタウンが出てくるんだよね。それで広東系と福建系に支配されたチャイナタウンに入れず、新しく改革・開放以降、アメリカに渡った中国人たちは、新しいチャイナタウンをニューヨークのラガーディアに作った。そこに、新移民のコリアンがまた寄ってきた。ラガーディアのチャイナタウンは、二十万人前後いるんじゃないかな。中国語の新聞が出て、中国語専門の書店があって、留学コンサルティングがあってと〝治外法権〟の地だよね。こういうチャイナタウンがいま全米に広がっている。サンフランシスコには、広東系マフィアが開いたチャイナタウンがあったけれど……。

河添　サンフランシスコのチャイナタウン、頭上にはためくのは九〇年代初頭までは中華民国（中国国民党）の旗ばかりでしたが、それ以降、中華人民共和国の五星紅旗が目立つようになりました。国民党系の黒社会の親分が銃殺され、それ以降は中国共産党系が幅を利かせていったようです。アヘンや武器の密輸の拠点になっていて、チャイナタウン以外の地区に暮らす中国系住民は、「チャイナタウンには行くな」と言いますね。

宮崎　マフィアの巣窟《そうくつ》と言われているから。エディ・マーフィがチャイナタウンと聞いて、「え？　あんな凶暴なところ？」って、そんな台詞《せりふ》が出てくる映画がありましたね。

河添　チャイナタウンで分かるように、中国社会って悪いことばかりに〝一番搾り〟されていっちゃう（笑）。

宮崎　だから、「悪い」か「もっと悪い」かしかない（笑）。しかも、厄介なのはチャイナタウンで反日運動をしていること。二〇一五年八月には、「海外抗日戦争記念館」がサンフランシスコのチャイナタウン内に作られた。年間何百万人も観光客が訪れる区域にそんなものを作ったというのは、宣伝工作の底意がミエミエ。さらには〝慰安婦像〟も設置しようとしている。

河添　あ、そこら辺を私が説明し始めますと、これから別の一冊が完成しちゃいます。宮崎さんも読んでくださっている拙著、二〇一一年に上梓した『豹変した中国人がアメリカをボロボロにした』（産経新聞出版）と二〇一六年の『「歴史戦」はオンナの闘い』（PHP研究所・杉田水脈氏との共著）は、類書がないほど詳しいです（笑）。

何年経っても誰も死なない

宮崎　中国系は、アメリカにはすでに数百万人はいるでしょうね。不法移民まで数に入れたらどれほどかは分からない。われわれ共通の友人の台湾人が、ニューヨークにかなりの豪邸を持っていましたね。隣近所にトランプの親父の家もあった高級住宅地ですよね。

時々風呂が壊れたりするので、修理を頼むでしょ。するとチャイニーズがやってくる。みんな不法移民だって。それを知っていて頼んだら罪なのだけど、知らないことにして安く工事を請け負わせる。彼らはそうやって稼いで、家を買うんだよね。表向き三人ほどの家族ってなっているけど、実は四、五十人がそこを居住にしていたりね。アメリカのいまの法律では、そこに手入れができない。例のポリティカル・コレクトネスで人種差別になりかねないから、捜査令状が出ない。だからブクブクと増殖していく。

日本も、うかうかしているうちにどんどん増える。いまだって十万人ほど中国人の不法移民がいるでしょ。いや、ひょっとしたらもっといるんじゃないの？　北池袋の路地を歩いていたらすべて中国語ですよ、通行人がしゃべっているのは。

河添　イタリアのミラノなのですが、住民票登録した中国人の数は増える一方なんだけれど、「登録者は誰も移転したり、死んだりしていない」という話を聞いたことがあります（笑）。それが事実なら、相当におかしいですよ、半世紀以上も経っているのに。要するに誰かに籍を転売しているのでしょうね。

宮崎　中国の一人っ子政策の時も、二人目が生まれたら四十歳ほどで死んだ人の戸籍を買ってきて、その名前にしちゃう。中国の長寿村ってあったじゃない？　誰かが調べに行ったら、実態は違うと報告していたよ。生まれた時に四十歳なら、六十年経ったら本当はまだ還暦なのに百寿になっちゃうんだから(笑)。

河添　戸籍も商材ですね。ただ、就学年齢になっても、それでは学校にも行けません！

宮崎　何でも偽造や偽装で売るんだよね。北京大学の卒業証書から臓器まで。大したもんだよ。

河添　帰化したら要するに日本人という利権保持者だから、中国人との偽装結婚もできます。日本にいる中国人の大多数も、だから何でもありなんでしょう。

宮崎　ほんと何でもありだ。オーストラリアのシドニーは、四百五十万人ほどの人口のうち、中国系が五十万人ほど。だから、いずれ「シナニー」に改名するかもね。ニュージーランドはどれほど？　百万人ほどはいるのかな。あれはニューシナランドだね。カナダのバンクーバーも昔からホンクーバーと言われていた。香港移民が多かったから。

河添　北京オリンピック前から、バンクーバーとその周辺に激増していったのは大陸からの中国移民です。バンクーバー国際空港は、お隣のリッチモンド市にあります。現地へ行くと、「ここはどこ？　シンガポール？」って感じですよ。数年前の時点で、住民登録の五一％がチャイニーズ系とのことですから、今はさらに増えているでしょうね。和歌山市とリッチモンド市は行政交流をしていますが、現地では中華レストランで接待されたそうです。

宮崎　バンクーバーは中華レストランも多いけども、インチキ寿司屋も多いね。かなりがコリアン、だって隣でキムチも売っているからすぐ分かります。有名な韓国の寿司屋チェーンがあって、イギリスのオックスフォードにも二軒出ていましたよ。寿司をパッケージで売っている。日本のスーパーの寿司売りのようなもの。

河添　外国の日本料理屋は、中国人や韓国人経営が本当に多いですね。ニュージーランド最大の都市、オークランドもなんか香港に滞在している気分でした。逆に言うと、中国語で会話ができる街が、この十数年で世界中に一気に拡大しました。特に都市部や観光地のお土産屋に中国経営が増え、中国人の店員が目立ちます。

宮崎　そこで売っている商品もメイドインチャイナだ（笑）。黄文雄さんの計算によると、既に二千万人の中国人が世界中に散ったっていうんだよね。ちょっと数字は多いかなと思うけど、一千万は確実に散っていますよ。いまやアフリカの奥地へ行っても中国人がいる。一つにはプロジェクト契約で、囚人を労働者として連れて行くでしょ。プロジェクトが終わったら「現地解散」なんだよね。

河添　そのまま居ついちゃう。

宮崎　だから囚人が残留してしまう。一番タチの悪い中国人が……。それが独自のコミュニティを作って、だんだん拡張していく。中国の不法移民、変なたとえで恐縮だけど〝ヒアリ〟みたいな感じかな（笑）。

河添　毒がヤバイですね。

成れの果ての人たちの溜まり場

宮崎　ニューヨークもそうだけれど、世界では古いチャイナタウンと新しいチャイナタウンの間で、ほとんどコミュニケーションがない。バンクーバーは、典型的にそうだよね。

河添　はい、ないようですね。少なくともニューカマー（新移民）は、古いチャイナタウンに出入りしませんしヘイトしています。

宮崎　中国からの新移民が、今後、さまざまな問題を世界でもっと引き起こすと思うよ。

河添　日本を含めて、私はずっとそれを危惧しています。昔ながらのチャイナタウンはほとんど過疎化っていうか、もう廃墟寸前ですね。バンクーバーもいい例で、そのすぐ横の通りが麻薬の密売場所だったそうです。知り合いの女性に頼んで、その周辺を車で走ってもらったのですが、赤信号で止まった途端、知人は、「鍵、閉まっている？　窓閉めて」と切羽詰まった表情で言うわけです。「ラリッた人間がいつ襲いかかるか分からない。この通りを走るなんて自殺行為よ」って。チャイナタウンでも、「車を降りないで」って言われたのですが、開いているお店の周辺は、別段それほど物騒でもないので少し歩きましたが。

宮崎　私も二年ほど前に行ったけれど、商店主はみんなジジババ。買い物に来ているのもオールド世代、昔の移民ばかり。まわりは、ほんとにホームレスが多いね。飲んだくれと麻薬患者みたいなのが、昼間から寝そべったりフラフラ歩いている。

河添　成れの果てですよ。

宮崎　ところがホームレスは白人が多い。それに比べて、ロンドンのチャイナタウンは一応活気に満ちていて、収益率も高いよね、みんな食事に来ているでしょ。ニューヨークのチャイナタウンも、賑わってはいる。ただ、移民二世、三世は中国語もあまりしゃべれない。ほとんど英語。中国と、自分とは完全に別世界だと思っているから。自分たちの先祖が、たとえ向こうから来たにせよ、親がたまに里帰りする時、子供が付いて行ったとする。「感想はどうだった?」と聞くと「何もない国だ」と言うだけ。

河添　ただ、中国が世界で台頭するようになってきたこの十数年は変わりましたよ。私が取材した限り、ダブルスクールの子供が少なくありません。つまり地元の学校へ行きながら、中華学校にも通っています。それから後進国や小国に暮らす場合、その国の公用語は二の次か三の次で、英語と中国語のバイリンガルを目指す傾向にあります。

それと英語圏に暮らす在外日本人ママからよく聞く話ですが、子供に日本語で話しかけても、いつのまにか英語で答えるようになっちゃうみたいですね。英語って楽ちんな言語なのでしょうね。

対中外交は関西人が適任

宮崎　ところで、日本には金剛組《こんごうぐみ》といった五七八年から続いている企業がありますよね。最近、高松建設の系列になりはしましたが、こういうふうに二百年以上続いている企業がいま、日本で三千社ほどあるといわれている。自称〝悠久の歴史五千年〟の中国で、さて果て二百年続いている企業は何社あると思う？

河添　ゼロかな？

宮崎　ゼロ。百五十年続いているのが五社あるらしい。

河添　五社も？

宮崎　五社あるの。ナイフというか向こうの青龍刀《せいりゅうとう》みたいなのを作っている会社。その他陶器の会社と漢方、あと二社どこだったかな。それほどしかない。長期経営をやる気がまったくないというか、そういう発想がない。その原因の一つとして考えられるのは、建国以来何千年もずっと戦争してきた国ですから、支配層もコロコロ変わる。民も一カ所に留まるということがない。流民、逃亡で転々とする。鎌倉武士のように「一所懸命」がないから、結局「武士道」精神も出てこない。それから「封建制度」も結局なかった。その中国的な社会制度の特色もあいまって、企業を長続きさせようという発想が乏しい。乏しいというよりも皆無。とにかく集中的に儲けて一代で金を儲けたら……。

河添　それを持って外国へトンズラ（笑）。

宮崎　中国人とアメリカ人、似ているね。だって、アメリカも長く続く企業ってほとんどない。常に変化している。GE（ゼネラルエレクトリック）にしても、主力ビジネスはいまや金貸し業ですよ。良きにつけ悪しきにつけ企業が変質しています。日本は創業の精神の下に、いちおう同じモノを作っている。豊田織機《とよたしょっき》だってまだ織物機械を作っているでしょ。他にいろんなことに手を出しているけれど。豊田通商、トヨタ、住宅まで販売しているけれど、子会社ですよね。

河添　日本には企業文化や社風といった表現もありますし、社員教育もあります。企業が日本の伝統、技術の維持と発展にも務めてきました。逆に言えば変革、改革を避けたがるし、そういった柔軟さ、ノリに欠けるというか苦手というか。関西より東日本は特に、その傾向が強いのかなと思ったりします。

宮崎　日本で最も古くからシナとの文明的交流があったのは、北九州ですよ。下関《しものせき》あたりが前線地。佐賀《さが》には唐津《からつ》があるけれど、唐《から》が付くのは山口県の北の海岸にも凄く多い。だから中国からの渡来人があの辺に定住していたのは、唐《とう》の時代か、その前からあるわけですよ。博多商人なんていうのは元寇《げんこう》（鎌倉時代、元の軍隊が日本を襲った事件。文永、弘安の二回来襲した）で攻められている時にもシナと貿易やっていたんだから、この度胸というのは凄いものがあると思いますよ。

大阪は、もともと東京や東北とは文化圏がまったく違う所。やはり昔から外に開けた堺があって、国際的な感覚があった。もう一つはやっぱり関西人特有の図々しさ。それこそ人前で排便する関西人はいないかもしれないけども、東京と全然違うじゃない？関西弁も東京からみたらキツイ言葉。

河添　関東とは、かなり違いますよね。

宮崎　我々からすると、関西人のやり方にちょっと追いつけないなあと思うことが多い。夜なんか、自家用車持っている学生がけっこう白タクやっていた時代がありました。大阪の夜の街で車から「やあ、先生」と声をかけられて、誰？　と思ったら、知り合いの近畿大学の学生だった。「乗っていきますか、二割引きにしときます」「え？　夜こういうことをやっているの？」って言ったら、「そんなの、常識ですよ」って。

河添　「安くして」とか、東京の男性は言いたがらないけれど、関西人は日常的な感じなのかな。

宮崎　白タクというのは正規のタクシーより安いから白タクで、だから北京も夜になるとほとんど白タク。中国人もすぐアルバイトするからね。「どこそこ行かない？」って言ったら、「あ、いくら」って。タクシーだと二十元のところ、「はい、じゃあ、十五元」とかね。いまはウーバー（配車アプリ）の発達で海外では白タクは、〝合法化〟されましたが。ともあれ、affirmative action（積極的差別是正措置）とかよく言うでしょう。それを適用して、外交官試験も関西人は七割採るとかすればいいかも。地域的なもので、DNAで中国人に対抗できそうなのは西の方の人が多いから、成績優秀者から採るんじゃなくて、出身地も加味して関西人の比重を増やして対中外交をやった方が将来効果が出てくるんじゃないの。

外務省はいま省内結婚しているから、もはや外務省閥ですよ。中国共産党の太子党みたいになっている（笑）。まれに闖入《ちんにゅう》してきたのが外交官試験受けて入っても、それは必ず傍流。主流にはなれない。主流はやっぱり外務省閥。雅子さまの父上の小和田恆《わたる》さんなんかは別格。佐藤優さんは傍流だったし、それゆえにイジメられましたね。外交的に失敗している人でも、親や祖父が有名外交官だと主流でいられる。極端な話、馬渕睦夫さん（元ウクライナ大使）のように省と異なる意見を言う人は絶対に主流に入れない。岡崎久彦さん（元タイ大使）も主流派からはずされていました。

河添　外務省の太子党化！

宮崎　中国にどう対処すべきかは、日本人が変わらない限りダメだと思いますよ。だから私が日頃口をすっぱくして言っているのは、国際人というのは二重人格たれと。日本国内では日本古来の礼儀作法で相手と付き合うけども、中国へ行ったら朝から夜まで嘘をついて、人前で平然と排便ができるぐらいのずぶとい精神をもって中国人と付き合っていくべきだと。そういう人間じゃなければ対抗できない。そうすると残るポシビリティ（可能性）は何かっていったら、やっぱり北九州と関西なんだよね。彼らは〝日本人離れ〟している。こういう人に「外交官」になってほしい（笑）。

河添　おっしゃる通りです。ただ、小手先レベルの二重人格では駄目なんです。私、コレを言うと殿方に嫌われちゃうと思うわけですが、日本の男性って実のところ多くがさほど何も考えていません。企業のね、ベルトコンベアーのようになって暮らせるからです。女子会トークでもそういった話に時々なりますが、要するに去勢されちゃっているんです。いつ死ぬか分からない、サバンナにいるような野性的な本能を呼び戻さない限り、世界ではやられちゃいます。忸怩《じくじ》たる思いです、日本の男性を愛している私としては（笑）。

第四章　中国共産党の権力闘争は酒池肉林

究極のエリートシステム

河添 本章で、中国共産党の権力構造とその闘争を話題にできればと思います。壮絶なバトルを経てのエリートシステムになっていることは、皮肉の意味も込めてあっぱれだなぁと感じています。

日本の場合、「戦争のない平和な日本」とか、「安心安全な子育て環境を」とか、与党も野党も似たり寄ったりの公約を掲げ、たいした実績もないまま万年ヒラ議員みたいな方も少なからずいるようですが、そんな類、中国ではすぐパージされます。

まず、人口十三億〜十四億人のうち、共産党員は約八千九百四十四万人（二〇一六年末最新）います。その中で、二〇一二年十一月に行われた第十八回の党大会の例では、中央委員と中央委員候補が三百七十六人、その上のランク、中央政治局委員が二十五人（トップ七人を含む）、中央政治局常務委員が七人（通称チャイナセブン）という究極のピラミッド構造になっています。しかも、チャイナセブンには一番から七番まで序列がついています！

五年に一度行われる党大会とその人事については興味深く、長年、独自の視点でウォッチし続けています。

宮崎　でも誰が本気で共産党員なんかに、なりたいのかな？

河添　権力とお金がワンセットの社会ですから魅力的なのかな？　共産党は利権集団ですから上層部はみな〝赤い財閥〟。桁《けた》違いの資産を、世界中に隠し持ったりしていますよね。

中国は政企不分（政治と企業が分かれていない）で、政商（政治と商売が一体化）の国です。共産党幹部とその一族が儲かるワンセットになっていることから、縁故資本主義などとも言われています。

二〇〇八年にノーベル経済学賞を受賞した、ポール・クルーグマン・プリンストン大学教授は、「中国の低消費・高投資経済は、ポンジ・スキーム（投資詐欺の一形態）」「中国は重商主義政策を追求しており、貿易黒字を人為的に高い水準に維持している」「世界経済の低迷の中、その政策は率直に言って略奪的」などと語っていました。説得力ありますね～（笑）。

共産党員入党についてのプロセスを以前調べてみたのですが、志願者はまず、入党中請書を出します。入党の動機や学歴や家族構成、自己認識と入党後の抱負なども書きます。通過者は入党積極分子の立場で、六週間ほどの間、週一〜二回、党校で「党課」を受講して、共産主義、共産党の規約、共産党の歴史などを学びます。思想報告も提出するようです。

党校を卒業後の身分は、予備党員に昇格するか否かの観察期間です。入党積極分子の周辺から、事情聴取会などで素性調査もあるそうです。予備党員に昇格した後も、思想教育や事情聴取会などが行われます。

申請書を提出し、第一ハードルの入党積極分子となり、次の予備党員となり、共産党員として正式に入党を認められるまでは一年半から三年前後かかるとか。党員合格者は、志願者の十人に一人以下のようです。

宮崎　胡錦濤、李克強、李源潮《りげんちょう》、汪洋《おうよう》（注1）、令計劃《れいけいかく》（人民政治協商会議副主席。二〇一四年十二月失脚。無期懲役の判決下る）、胡春華《こしゅんか》……。共産主義青年団出身の高級幹部はたくさんいるよね。

河添　はい、共青団こと団派（注2）からの入党はエリートコースです。胡錦濤さんは、宋平・元政治局常務委員から共産主義青年団の幹部育成プログラムへの参加を薦められて、団トップの第一書記を務め、鄧小平の時代に〝隔代指定接班人（次の次の後継者指名）〟が行われ、第十四回党大会（一九九二年十月）に政治局常務委員入り。第十六回党大会（二〇〇二年十一月）から、序列一位に昇格しました。

団派の若手ホープと召され、江沢民国家主席の後を番狂わせなく継いだわけですが、軍の掌握はおろか腐りきった江沢民派の傀儡政権《かいらいせいけん》のまま二期十年を務め、任期満了と共に、党総書記、国家主席、党中央軍事委員会主席、すべての役職から潔く降りて習近平に引き渡しました。

これは持論ですが、中国共産党幹部は各々が〝赤い財閥〟として人脈&金脈&利権を国内外に構築していくわけですし、団派や太子党、江沢民派（上海閥）などと分類されてきましたが、団派だから一枚岩、太子党だから仲間といったステレオタイプの分類ではミスリードにつながるのかなと思っています。

宮崎　結論的に言えることは、まず一つは、日本のメディアの中国分析というのはほとんど役に立たないということですよ。

二番目は、アメリカの中国分析はかなり甘いのと辛いのと、完全に両極に分かれていて、それで日本に紹介されているのは甘い方の中国分析ばっかりで、辛い方のは出やしないよね。
たまに古森義久（産経新聞ワシントン駐在客員特派員）さんがナショナル・インタレストとかランド研究所とかの報告書を紹介してくれていますけども、彼の紹介を例外として、ほとんど面白くないね。
シビアな論説にはけっこう面白いのもあるんですよ。たしかアメリカの保守系メディアの『ワシントン・フリービーコン』や『ワシントン・タイムズ』とかはリベラルメディアよりは良質です。

注1　汪洋　一九五五年三月十二日生まれ。安徽省《あんきしょう》出身。貧困の家庭に生まれ、これという学歴もなく、一九七五年中国共産党に入党。その後上司に恵まれ、とんとん拍子《びょうし》で出世の道を歩み、二〇〇五年重慶市市委書記、二〇〇七年広東省省委書記。同年十月、胡錦濤の抜擢《ばってき》で第十七期中央政治局委員となる。

注2　団派　中国共産主義青年団の略称。共青団から党へ入団した者はエリートコースを　歩むことが多い。

面従腹背が常態

宮崎　ともあれ、曽慶紅《そうけいこう》（注1）が習近平を見つけてきて、第十八回の党大会（二〇一二年十一月）でトップに据えたのですよね。

河添　はい。習近平を上に引っ張ったのは、江沢民《こうたくみん》と「江派二号人物」の異名を持つ曽慶紅だったと言われています。第十六回党大会で曽慶紅が得た人生最高のポジションは国家副主席、中央書記処常務書記、中央党校校長でしたが、それを五年後の第十七回党大会（二〇〇七年十一月）以降に引き継いだのが習近平です。

曽慶紅の後釜《あとがま》でその流れにある人物かと思いきや、第十八回の党大会で序列一位になって以降、江沢民派の大物らが粛清《しゆくせい》の対象です。曽慶紅の息子家族などはオーストラリア居住ですが、息子は現地を拠点に貿易などで大儲けしながら、何年も中国へは帰国していないようです。拘束される可能性があるから。習近平は長い間、面従腹背だったってことですね。

宮崎　まさしく中国人！　利用すべきものは利用し、用がなくなったらさっさとポイ捨てする。

河添　だから、何々派閥とか誰々の部下といったところでカテゴライズして思考を止めては駄目なんですよね。でも、凄いですね、ここまで平然と掌返《てのひら》ししちゃうなんて。胡錦濤時代の十年間は傀儡政権でした。習近平はそんな院政は絶対に嫌だ、習王朝をつくりあげるぞってことを心の中で誓いながら、でもきっと江沢民派の汚職まみれの大物たちに、「ハイハイ」とね、しおらしいフリをしていたのでしょう。

で、この数年は見事なまでに江沢民派の大物を、刑務所やら鬼籍に送り続けています。序列九位で江沢民の親戚筋にあたる周永康《しゆうえいこう》をまず粛清し、中央政治局委員で軍制服組の2トップ、郭伯雄《かくはくゆう》も終身刑、徐才厚《じよさいこう》は獄中死しました。「トラもハエも」の掛け声で、朋友で序列六位の王岐山《おうきざん》（注2）党中央規律検査委員会書記とタッグを組んで、江沢民派を一網打尽《いちもうだじん》にしようと未だ奮闘中です。習政権が掲げた夢は「中華民族の偉大なる復興」でしたが、習主席の夢は「江沢民派の無力化」なんだといまはすっかり納得しています（笑）。ただ、五年を経てもまだ道半ばにあるようですが。

宮崎　反腐敗運動を中途半端にやめると、摘発キャンペーンの中心にいる腹心の王岐山も必ずやられる。

習自身が血祭りになる恐れが大きい。『大紀元《だいきげん》』（新聞、インターネットを媒体とする反中国共産党メディア）によると　王岐山は暗殺未遂に二十七回遭っているようだけど（笑）。

河添　中国では、「無官不貪《ウーグアンブタン》（不正を図らぬ幹部はいない）」という皮肉な表現が流行しました。事実、反体制派の中国メディアによる大物幹部に関する報道は、収賄、脱税、不正蓄財、資金の海外流出、国外逃亡、自殺、他殺、暗殺未遂、粛清、党員資格剥奪、終身刑、死刑、軟禁などブラックな内容ばかりです。つまり中国の政官財は、先進国の常識からすればみな〝経済犯罪者集団〟であり〝腐敗者集団〟です。だから反腐敗運動というより、反習近平勢力のパージ運動だと思っています。それとこの数年で粛清された大物幹部はほぼ北朝鮮マター、長期にわたり金王朝と昵懇《じっこん》だった方々ですよね。非常に分かり易いなと思っているわけです。

注1　曽慶紅　一九三九～　江西省《こうせいしょう》出身。北京工業学院卒業。一九六〇年中国共産党入党。一九八四年上海市党委員会に入り、組織部長などを皮切りに、江沢民に目をかけられ、二〇〇二年第十六回党大会で政治局常務委員、二〇〇三年国家副主席にまで上った。胡錦濤の次の国家主席は曽慶紅と見られた時期もあったが、二〇〇八年の全人代で正式に引退した。

注2　王岐山　一九四八〜　二〇〇二年海南省《かいなんしょう》書記、〇三年から北京市長を務め、「リリーフ」とか「消防夫」の異名をとった。経済金融政策に明るい。政治局常務委員。

日本のAV女優を呼べ

河添　太子党で新四人組（令計劃、徐才厚、周永康、薄熙来）の一人、薄熙来《はくきらい》と谷開来《たにかいらい》の夫婦は「獄中離婚」しましたね。

宮崎　いわゆる「薄熙来事件」（注1）で、世界中に知られた夫婦だけれど、離婚はいつ？　薄がガンという報道は知っていましたが。

河添　おそらく一年近く前だったような。「別れるのが遅過ぎた」と吐き捨て、二人は目も合わせず離婚のための書類にサインをしたって報道でした。

宮崎　もう一緒にいるメリットがないですからね。お互いに監獄に入っちゃったんだから。後の問題は息子の財産相続のためには、別れた方がいいということじゃない？　中国人のいわゆる、「邯鄲《かんたん》の夢」、つまり栄枯盛衰という典型的な人生を歩んだ、その意味では、薄熙来はいい実例に使えるかもしれませんね。

河添　そうですね。失脚までの経緯も、かなり明るみに出ていますし。

宮崎　薄熙来は大連市長から遼寧省トップ、商務大臣を務めて、それから重慶《じゅうけい》市委員会書記（直轄市のトップ）になった。前述したように、大連市長時代から日本企業との結びつきが強くて、なおかつ賄賂の額面が大きかった。奥さんの谷開来も弁護士事務所をやっていて、何か頼みごとに行くと、薄熙来は「分かった。女房のとこへ行け」となった。これは合法的な法律事務所ですから、そこでもの凄く法外なというより、だいたいプロジェクトの金額の二〇%をそこに納めると、すべての判子《はんこ》が一晩で揃うというシステムを作っていたらしいです。中国はそういう社会だけども、あまりに効率的で政敵から嫉妬を買ったわけですよ。

河添　九〇年代から、日本企業とのつながりで大儲《おおもう》けしたはずですから。

宮崎　あれほど日本企業で潤った夫婦はありませんよ。彼女は、『私はなぜ裁判に次々と連続勝利できたか』という本を書いて、自分が中国のキャリアウーマンのトップだと自慢していた。これ、実は英訳もあるんですよ。そこまで名前を上げたんだけども、勝ったという裁判を担当していたのは別の弁護士でしょ。

河添　手柄を取った？　ありがちですねぇ。しかも谷開来の手足の一人は、大連実徳《だいれんじつとく》集団の会長、徐明《じょめい》という方です。彼も経済犯罪で刑務所入りですが、刑期満了を待たず二〇一五年十二月、四十四歳の若さで獄中死。死因は心臓発作などと報じられましたが、謎です。いきなり血圧が上昇する劇薬とか、何か薬でも飲まされたのかなぁと。口封じのため、トカゲの尻尾《しっぽ》切りだったのでしょうね。シャバに出てきて、あれこれ暴露されるとそれこそ国内外のＶＩＰ、大勢にとって厄介でしょうから。

宮崎　徐明の腐敗堕落ぶりはすごかったらしいね。一番面白い噂話は、中国共産党の幹部に次々と美女を斡旋《あっせん》していたんですね。時と場合によっては自家用飛行機でデリバリ（配達）していた。ある時、日本のアダルトビデオを見て気に入ったＡＶ女優を呼べと言われて、それでもなんとか調達したらしいよ、カネを使って。それほど派手なことをやっていた。

河添　これぞ酒池肉林《しゅちにくりん》の世界ですね。中国語では「権色交易《チイエンスージアオイー》」と言うそうで、ＴＶキャスター、軍属歌手、女優などを貢ぎ物として幹部に捧げていたようですが、国内に限らず外国のＶＩＰにもね。中国にいた二十代前半から時々思っていたわけですが、日本の大企業の偉いオジサマたち、政官財が果たして無傷なのかしらと？　噂レベルならいろいろな話がありますし、相当に「？」ですよね（苦笑）。

注1　薄熙来事件　中国共産党中央政治局委員・重慶市共産党委員会書記だった薄熙来は、外資導入による経済発展、マフィア撲滅運動などで注目を集め、さらなる出世が有望視されていた。しかし、二〇一二年二月に発生した側近の米国領事館亡命未遂事件や、妻によるイギリス人実業家殺害、一家の不正蓄財などが明るみになり失脚。妻と共に逮捕され獄中に入ることになった。

元アメリカ駐中国大使もハニトラ？

河添　そういえば、中国系アメリカ人三世のゲイリー・ロック（駱家輝）元駐中国大使も、ハニートラップにかかったとの噂が噴出しています。一九九七年にアメリカ史上初の中国系州知事（ワシントン州）となり、二〇〇九年の第一次オバマ政権下で中国系初の商務長官に就任し、その後、中国系初の駐中国大使となった人物です。

宮崎　教育熱心な中国系家庭の子女は、アメリカをはじめ異国でも高学歴者が多いね。

河添　はい。この十数年、アメリカでの政界進出が祖国と中国系移民の発展、世界の主流となるための不可欠な選択肢として加わった中で、「初」を更新してきたロック氏はその象徴的存在で、「オバマ政権下で入閣を果たしたロック商務長官やスティーブン・チュー（朱棣文）エネルギー長官らの活躍が、中国系の政治への意識をさらに高めた」「ロック商務長官のようにＡＢＣ（アメリカン・ボーン・チャイニーズ）であれば、大統領選挙への出馬も夢ではない」などと盛り上がったのです。

中国も当初、中国系アメリカ人の駐中国大使を大歓迎している様子でしたが、北京赴任後のロック大使に次々と難題が……。

宮崎　一つは盲目の人権活動家で、長年、中国当局により軟禁状態にあった陳光誠《ちんこうせい》氏に対して、駐北京大使館での滞在を許可した事件。そしてもう一つが薄熙来の部下、王立《おうりつ》軍《ぐん》事件（注1）、重慶市副市長が成都の米領事館に亡命申請をした事件だね。

河添　はい。「人道的な立場」「アメリカの立場」でその処理をしてきたロック大使を、中国の官製メディアが猛攻撃し始め、その最中の二〇一三年十一月、突如、大使辞任の意向を発表しました。その時に本人が語った理由は、「アメリカで、子供たちの教育を受けさせたい。家族と過ごしたい」でした。大使には中国系アメリカ人の妻との間に、当時十歳に満たない子供を含む三人がいました。若くて美人な妻と可愛い子供たちの姿が、写真などで時々公開されてきたこともあり、家族と共に身の危険を感じたからかな？

と思ったわけです。中国共産党が忌み嫌う、地下教会に出入りしているとの噂もありました。いずれにしても、赴任から約二年で大使の看板を下ろしました。

するとこ〇一七年四月以降、『多維新聞網』や『星島新聞』、『聯合早報』など複数の中国語メディアが、ロック氏の大使辞任の背景について「情報機関に所属する、中国の著名キャスターらのハニートラップにかかり、オバマ大統領からの帰国命令が出ていた」との説を再燃させました。

宮崎　辞任は王立軍の事件が原因だと思ったら、そうじゃないんだ。

河添　ロック夫妻は、中国から帰国後の二〇一四年より離婚協議に入り、翌年四月に離婚していたことが発覚しました。帰国後もイベント等に出席するなど、〝仮面夫婦〟を続けていた二人ですが、「離婚の事実」についてはSNSに記すなど個別に認めています。

ハニトラが事実か否かは別としても、大使辞任後のロック夫妻の離婚は事実です。二人の〝祖国〟で一体、何が起きていたのかなと。

宮崎　中国のタレントとかキャスターって、みんな誰々さんの愛人っていうことで……。

河添　はい、権力者の〝お墨付き〟があってのキャスター、歌手ですから。

宮崎　〝お手付き〟じゃなくて〝お墨付き〟。それがないとテレビに出られないんじゃない？

河添　新四人組の一人でもある序列九位だった周永康が捕まった時、女性キャスターがいきなりテレビ画面から数人、消えました。みな同じタイプの顔と同じショートカットの髪型だったので、周永康の女性の好みがよーく分かりました（笑）。

宮崎　みんな、男好みの顔に整形するわけだ。

河添　でしょうねぇ。目はパッチリで、鼻筋も通っていて。そもそも、その女性たちにはそれ以前から愛人説が浮上していました。

宮崎　周永康は、前の奥さん（王淑華《おうしゆくか》）を殺しているといわれていたよね。

河添　交通事故を装った殺人、といった話がありましたね。

宮崎　周の後妻（賈暁燁《かぎようか》）は、二十八歳年下の元中国中央テレビの美人リポーターだった。二十五歳年上の女性と結婚した、フランスのマクロン大統領と大違い。〝成熟〟の良さを中国人政治家は理解できないんだろうね（笑）。

河添　不老長寿に燃えるお方たちですから。若い血をグビグビ吸いたいだけでしょう（笑）。そうそう、なんだか不可解なのは、ロック元大使は二〇一六年二月から、ＡＭＣエンターテイメントのディレクター、ＡＭＣシアターズのボードメンバー（執行役員）

に就任しました。このアメリカの大手映画館チェーンであるAMCを買収したのは、徐明の親分みたいな存在だった大連万達《ワンダ》集団の王健林《おうけんりん》です。中国系三世のロックさん、中国共産党の下半身を含めた魔力に吸い込まれていったのでしょうか？

注1　**王立軍事件**　王立軍は、薄熙来の一番の側近といわれた公安局長。二〇一二年二月六日、突如アメリカ合衆国成都《せいと》総領事館に逃げ込んだ。自分が支配していた公安局として、薄熙来の妻の殺人疑惑その他の犯罪を捜査してしまったので、薄熙来から厳しく追及を受け、身の危険を感じたためといわれる。この事件が明るみに出て、薄熙来の失脚につながった。アメリカのロック大使は王の亡命を拒絶し、起訴され有罪になった王は服役中。

王健林と馬雲は政商の東西の横綱

宮崎　徐明のボス、王健林はショッピングモールやホテルを経営し、エンタティメント業界にも進出して、ディズニーランドに似たような遊園地もそこらじゅうに造った。

河添　ワンダ・シティーですね。ワンダホテルもあちこちに建てているみたいですが。

後はＡＭＣの買収以外にも、ハリウッドを「爆買い」しています。

宮崎　これがいま中国一番の「不動産王」。「中国のトランプ」かな（笑）。しかし、二〇一七年七月に状況が激変して、保有するホテルとテーマ・パークのほとんどを借金返済のために売却せざるを得なくなりました。有利子負債が十五兆円くらいあるから、第二の「ダイエー」「中内功」になりかねない。

河添　王健林会長は、二〇〇七年十一月の第十七回党大会で決まったチャイナナイン（中国共産党最高指導部・中央政治局常務委員九人）の中の胡錦濤国家主席（序列一位）、温家宝首相（序列三位）、賈慶林《かけいりん》（序列四位）、習近平（序列六位）の家族と入魂《じっこん》であることが当時、報じられています。事実、この時期から大連万達は破竹の勢いとなっていきます。

習近平の総書記就任がほぼ確定的だった二〇一二年六月、ブルームバーグなどに、「習近平の長姉夫婦の鄧家貴《とうかき》・斉橋橋《せいきょうきょう》夫妻が、三億七千六百万ドル蓄財している」とスッパ抜かれましたが、その頃にも、温家宝の長男長女、賈慶林の娘婿らの名前が再び出ました。

阿里巴巴集団（アリババ・グループ）の馬雲（ジャック・マー）会長を抜いて、この数年間、王健林会長が中国、アジア一位のお金持ちでしたが、最近、また抜かれましたね。世界中を短期間で買い漁り過ぎだし、「ディズニーに勝つ」みたいな、出来もしないことをビッグマウスするから、欧米のエスタブリッシュメントに滅茶苦茶嫌われたのかなと推測しています。

いずれにしても、大連万達の王健林会長と阿里巴巴の馬雲会長は、いわば中国共産党幹部の東西の両横綱的な存在の政商と見ています。つまり資本主義社会の自由競争の中で、頭角を現した経営者ではありません。権力者と癒着し〝巨大な財布〟を手に、世界を動きまわる代理人です。

代理人は権力者が欲するものを〝爆買い〟したり、世界の超大物とのビジネスを通じた関係構築や改善に動いたり、権力者とその一族の私財を国外に逃がしたり、さまざまな役目があると考えられます。

それにしても、中国人の支配層や家族、その周辺の方々の人生は、いつの時代もジェットコースターですね。徐明は獄中死で、薄熙来の妻、谷開来の愛人だったと噂されるイギリス人のニール・ヘイウッドは毒殺されましたし。実業家との触れ込みですが、実はMI6（イギリスの秘密情報部。いまはSIS）の手足だったとの噂もありますね。イギリス側は、「知りませんﾞ」ですが。死んでも浮かばれないなぁと。
宮崎　ヘイウッドはハロースクール出身で、薄熙来の息子（薄瓜瓜《ボークアクア》）をそこに入れるために貢献してくれたんですよね。日本で言えば、昔の学習院《がくしゅういん》ですよ。出自のいい家の子供しか入れないでしょ。ましてや、外国人でどこの馬の骨か分からないようなものは簡単に入れない。
河添　薄熙来が中国共産党の大物だから、イギリスも……。
宮崎　そうでしょ。取り込もうと思ってね。息子はオックスフォードに行き、それからアメリカのハーバードに進んだ。事件が明るみに出て、息子はマンションから消えたのですが、彼を匿《かく》まったのが、『ジャパンアズナンバー1』で知られるエズラ・ボーゲル教授だった。
　ヘイウッドの毒殺。あれもいろいろな説があって、薄熙来の奥さん、谷開来とできていたというだけじゃなくて、あの息子と同性愛だったという、まことしやかな噂まであるよね。さすがにこれだけは許せないと言って殺したという説もある。
河添　ヘイウッドが薄ファミリーのカネ、資産を隠す役を命じられたものの、「カネの隠蔽工作を暴露するぞ、さもなければ……」と恐喝《きょうかつ》したから谷開来が殺したという説、ただの痴話げんかの末、毒殺してしまったという話も伝え漏れていいます。何がなんだか。

宮崎　官製発の臭いがする定説というのは、たいがい当たってないね。情報操作の可能性が大。

河添　確かに真相は藪《やぶ》の中。真実か何かは置いといて、殺害は事実ってことでしょうね。

国務省をクリントン商会に変えた

河添　ダニエル・フォアさん、習近平国家主席の姪《めい》の夫もイギリス人ですね。殺されたヘイウッドさんとどこか、私にはキャラクターとしてダブル部分があります。情報機関かそれに近い人間なのかなと。

宮崎　それを話し始めると、ミャンマーのスー・チー（ミャンマーの下院議員。実質的な大統領）、パキスタンのブット（第十四代首相。後に暗殺される）、みんな亭主はイギリス人で情報機関出身者じゃないですか。イギリスの長年にわたる非常に狡猾《こうかつ》な支配の一つの手だよね。

河添　それを知っているからこそ、習ファミリーは結婚させたのかなと。

宮崎　いや、そこまでは分からない。習近平って、けっこうぼんやりした男だからね（笑）。

河添　習近平が国家主席になるまでは、イギリスのビジネスマンと中国の起業家らをマッチングするイベントを人民大会堂で行ったりと、姪夫婦の最低限の動向は分かりましたが、この数年はネットで新聞の記事を検索する程度では、二人がトップを務める、いわばユニセフみたいな慈善団体はありますが、具体的な活動履歴は出てきません。習近平の二人の姉夫婦や弟夫婦の話も、数年前の内容は面白いのがありましたが最近はサッパリ。

宮崎　家族親戚の個人データはみんな消すから。そのくせ突然、息子が出てきたりするじゃない？　金正恩《キムジョンウン》もそうだったけれども、え？　こんなのがいたの？　というのが急にデビューしてくるからね。だいたいイギリスが旧植民地にしていた中東でも、イギリスが長年、非常に巧妙なやり方でさまざまな人脈を政財界に構築していって、己に都合のいいように仕掛けていたけど、中国に対してもいまだそういうことをやっているわけですよ。その点では、ロシアはやはりちょっと追いつけないでしょ。ましてアメリカは追いつけない。けれども、ジャレッド・クシュナー（アメリカの実業家、大統領上級顧問。トランプ大統領の娘イヴァンカの夫）も、まあ、ロシアのみならず中国に対してもいろいろやっていますよね。

河添　米中関係のダークサイドとして、象徴的なのはクリントン夫妻ですよね。八〇年代初頭、アーカンソー州知事の夫ビル・クリントンが脚光を浴び始めた時代、インドネシアの華人財閥リッポー・グループ（力宝集団／李文正・李白父子）は、ヒラリーが上級パートナーを務めていたアーカンソーの法律事務所を顧問とし、高額の報酬を支払っていきます。銀行の買収など、リッポーはアメリカで勢力を拡大させつつ、鄧小平の傘下にある人民解放軍系企業から、クリントン夫妻への贈賄や民主党への政治献金などでのパイプ役を務めていったようです。

アメリカの法律では、大統領選や知事選などの立候補者が外国人や市民権を持たない人間から選挙資金の提供を受けることを禁じていますが、クリントン夫妻を巡る疑惑は当事者が認めた事実を含め、相当に深淵なレベルですよね。しかも怪しげな華僑華人、人民解放軍だとバレた方々のその後を調べてみますと、行方不明になったとか捕まったとか。

宮崎　クリントンは、スキャンダル夫婦だから。「アメリカの薄熙来&谷開来」と思えばいい（笑）。まだ〝獄中離婚〟はしていないけど。

河添　アメリカのメディアは、クリントン夫妻の長期にわたる「チャイナ・ゲート」は追及せず、トランプ家や周辺の「ロシア・ゲート」ばかり騒いでいます。

宮崎　アメリカの主流のフェイク・メディアは、そういうのを批判しないで揉み消しちゃった。藤井厳喜《ふじいげんき》（国際政治専門の評論家）さんが言っていたけども、クリントン夫妻は「国務省」を「クリントン商会」に変えたんだと（笑）。完全に外国ロビー資金による運営だもの。あの夫婦は興味があるのは入金がいつあったか、額はいくらか、それだけでしょ。その額で政策を変えるという、まさしく買弁《ばいべん》政治家じゃないですか。もしかして祖先に中国人の血が流れているのかも（笑）。

河添　かも（笑）。せっかくプーチン大統領が、これはおそらくですが、ウィキリークスとスノーデン（注1）を使って情報を開示してくれたのに。

宮崎　そうそう、『スノーデン』は映画にもなったね。オリバー・ストーン監督。四月にロンドン行きのＪＡＬの機内で私も観ましたが、英雄扱いされていた。

河添　ある意味、英雄ですね。私は興味を持って見守っています、スノーデンを。オーストラリア出身のジャーナリストでウィキリークスの創始者、ジュリアン・アサンジも面白いです。彼は、イギリスのエクアドル大使館の中に二〇一二年に逃げ込んだまま、そこが〝お住まい〟なんて！

宮崎　エクアドルは今度、モレヤという大統領になって、アサンジを大使館から追放するという公約で当選したんだけど、当選直後に、人道的配慮は続けるとした。というのはいま追い出したらイギリス当局によって逮捕されて……。

河添　事故に見せかけ殺害されちゃうとか？

宮崎　スウェーデンに送還されるんじゃない？　ただスウェーデンは、性的暴行の件はもう起訴を取り下げたんですよ。ということはもうイギリスだけが問題だから、つまり取引をするんじゃないの？　エクアドルとイギリスの。そこにアメリカが仲介に入って。

河添　そこでまた、プーチンが上手い具合に入り込んできて……。

宮崎　アサンジは要するに性犯罪かなんかで手配が出ていたでしょ。

河添　冤罪《えんざい》かもしれないし、それこそ真相は分からないですよね。いずれにしてもアサンジとスノーデンとプーチンの三角ラインは面白いかなと。

注1　スノーデン　（Edward Joseph Snowden）元アメリカ国家安全保障局（ＮＳＡ）および中央情報局（ＣＩＡ）局員。メディアの取材を受け、ＮＳＡの個人情報収集の手口を告発した。米司

法当局の逮捕を逃れて、現在ロシアに事実上の〝亡命〟。

諜報機関を押さえる奴が権力を握る

宮崎　中国で言うと、いま情報機関を握っているのは？

河添　曽慶紅の影響力がまだ相当に強いと推測しています。

宮崎　いまも？　彼は江沢民派のトップだよね。

河添　習一派は、反腐敗キャンペーンで江沢民派を一網打尽にしたいわけですが、すでに江沢民自体は高齢で機能していないから、事実上の筆頭トラの一人が曽慶紅です。別名が、「江派二号人物」ですし。アメリカに逃亡した中国人富豪、郭文貴《かくぶんき》は曽慶紅の部下の馬建《ばけん》国家安全部副部長の手足でした。馬建は重大な規律違反などの罪で拘束され粛清《しゆくせい》されましたが。

宮崎　曽慶紅の共産党中央における門下生というか、情報機関の人脈はどういうふうに変わっているの？

河添　二〇〇〇年前後からの曽慶紅による香港マカオ工作は、習近平が引き継ぎ、その後、江沢民派の張徳江《ちょうとくこう》（注1）に受け継がれていますが、少なくとも香港マカオは、江沢民派が圧倒的に優位な立場にありそうです。

二〇〇四年、現職の広東省書記として香港を初めて訪れたのが張徳江です。同年に「香港・中国経済貿易緊密化協定」（CEPA）が締結され、汎（拡大）珠江デルタ区域フォーラムの呼びかけ人となり、基調報告の中で、「国家指導の下での統一市場の建設と推進」と語っています。同年五月に初めて実施された同フォーラムは、開幕式を香港で、二日目はマカオ、最終日は広州で開催され、海南、福建、江西、広西、貴州、湖南、雲南、そして四川（重慶市は除く）の九つの省と国家発展改革委員会、商業部、交通部、香港マカオ弁公室など七つの中央諸機関も参加しています。序列五位の曽慶紅が国家副主席として絶大な権力を振るっていた時代、香港の中国化の工作の先陣を切ったのが張徳江だったわけです。

金融、財界、芸能、情報機関、そして政界……。香港を自らの手でコントロールできない、習主席のジレンマなのでしょう。二〇一七年六月下旬、香港に降り立った習主席が「張徳江と近い行政長官」の梁振英《りょうしんえい》との握手を二度、拒んだことなども複数のメディアが報じています。新行政長官に決まった林鄭月娥《キャリーラム》も、張徳江が推した人物ですよね。

宮崎　梁振英前行政長官は秘密党員だったでしょ？　旧ソ連が崩壊してロシアになって、政治を牛耳ったのが諜報・謀略機関KGB出身者のプーチンであったというように、中国もやっぱり諜報機関を押さえている人が結局はトップになっていく。もしくは諜報関係を押さえている奴をナンバーツーかなんかにして、やっと国の統治はうまくいくわけですよね。その図式から言うと、やっぱりいまの情報機関を、もし王岐山ではなく張徳江が押さえていくとなれば、いままで言われてきていることが、かなり構図が違ってくるんですよ。香港の民主派は、彼が香港に来ると反対デモをすぐに組織します。香港で出ている中共内幕暴露本では、王岐山を主人公にするものがほとんどだけどね。銅鑼湾《どらわん》書店から出ていた本とかね。そうすると、亡命中の郭文貴から腐敗ぶりを攻撃されている、習近平の〝盟友〟の王岐山は、非常に微妙な立場になるんじゃないの？

河添　所詮は、死ぬか生きるかの世界ですから。生きるためには、敵には死んでもらうしかありません。死とは単純に生死の意味のみならず、無力化という意味も含まれますが。いずれにしても、あくまで現状ですが、張徳江は江沢民派の中でも最強になっていると思います。だから、「ハエもトラも叩く」習近平の次なる粛清対象の大物が彼です。

宮崎　へえ、そうですか？　それは意外な評価です。

河添　一九四六年十一月生まれの張徳江は七十歳を超えましたから、内規（六十八歳以上は引退）によれば定年です。で、次なる運命は、周永康と同じなのかなと。香港の『成報』は、二〇一五年あたりから張徳江への批判が始まり、解任や責任追及を求める記事が繰り返し掲載されるようになっています。

紙面には、張徳江に関する「数々の問題点」が指摘されたこともあります。その内容は、「強硬かつ一方的な政策決定が香港社会の対立を深化させ、学生ら民主派による大規模なデモを誘発した」「二〇〇二～〇三年、ＳＡＲＳ（重症急性呼吸器症候群）発症情報を隠ぺいしたことで、香港および国内外に感染を拡大させ多くの死者を出した」「本土の腐敗の悪習を香港政界に持ち込んだ。香港政界に闇勢力を浸透させた」など。

宮崎　ＳＡＲＳの頃、広東省の党委書記だったわけだ。

河添　また、「香港を乱す災いの元凶（災星）」と張徳江を位置付けて、「絶えず政局を乱し、各種の改革を妨げている」「江沢民は張徳江を庇う黒幕」などと非難もしています。

筆者は「漢江泄」。これはペンネームと推測できますが、「習主席ら習一派が掲載を指示した」というのがもっぱらの見方です。

「乱港（香港を混乱させた）四人組」という、非難キャンペーンも繰り返し行っています。四人組の筆頭は張徳江で、次が駐香港特区連絡弁公室主任の張暁明《ちょうきょうめい》、香港行政長官の梁振英（七月からは「前長官」）、香港大公文匯伝媒集団理事長の姜在忠（『大公報』『文匯報』などを発刊）と名指ししています。こういった『成報』の数々の記事について私は、粛清を示唆する〝予告編〟ではないかと受け取っています。序列五位の劉雲山《りゅううんざん》と序列七位の張高麗《ちょうこうれい》（注2）筆頭副首相も、かなりヤバそうです。

宮崎　みんな江沢民派じゃない？

河添　その三人は北朝鮮メターの北部戦区（南モンゴル、黒龍江省、吉林省、遼寧省、山東省）を押さえていて、習近平は中央軍事委員会主席なのに完全アウェーなままです。

宮崎　七月に失脚した孫政才《そんせいさい》は？

河添　共産主義青年団出身の孫政才が出世街道を歩むきっかけは、温家宝首相（第十六、十七回党大会で序列三位）や賈慶林（第十六、十七回党大会で序列四位）らによる抜擢だったとされます。でも、孫政才が吉林省党委書記《きつりんしょう》のポストに就いたことからも、その頃には江沢民派の中でも北朝鮮と表裏一体の吉林幇《バン》にズブズブと浸っていったのでしょう。事実、吉林省のトップ時代、孫政才は韓国大手鉄鋼メーカーのポスコと現代《ヒョンデ》グループと同省延辺《えんぺん》朝鮮族自治州共産党委員会書記らと共に、「北朝鮮向けの貿易やインフラ投資を後押し」した〝実績〟もあります。

孫政才の政治家としての〝最期〟のポストとなったのは重慶市党委書記ですが、前任者は〝朝鮮エキスパート〟で吉林幇のドン、「金（正日）の代理人」との異名を持つ張徳江・全国人民代表大会常務委員会委員長ですよね。

習近平体制の誕生を是が非でも阻止し、自身が序列一位になるため画策した〝新四人組〟の一人、薄熙来が第十八回党大会を前に解任（二〇一二年三月）された後、同ポストを継いだのが、新四人組と密接な関係にあった張徳江で、さらには孫政才にバトンされたのですから、薄熙来が残した〝負の遺産〟の清算など、できっこないでしょう。孫政才の粛清は、巨大な現役トラ、張徳江、劉雲山、張高麗らを含めた江沢民派を近い将来、潰すための前哨戦なのではないかなと。

宮崎　河添さんの分析は、非常にユニークだね。在米の華字紙でもそこまで踏み込んでいるのはないんじゃないの。ただし私の読んでいる範囲内ですが。

河添　中・日・英の三言語で活字を読んだりしていますが、それと独自の情報源からは、習近平の最大の敵の一人は、張徳江だと結論付けています。

宮崎　なるほどね。マスコミの言う習近平の次のライバルは胡春華《こしゅんか》（広東省党委書記）でしょう。私はむしろ身内の王岐山が習近平にとって最強のライバルと見ていますが。

河添　胡春華がライバル？　そうなんでしょうか？　地位も権力基盤も相当な差があるように見ていますが。

宮崎　旧江沢民派の残党たちが、まだしぶとく権力の一端を持っているんだね。

河添　アメリカへ逃亡した郭文貴の発言。滅茶苦茶なようですが、真実も相当にあると思います。なぜなら彼らは、ボイスレコーダーや隠しカメラで、賄賂の現場や共産党幹部の淫行現場などもすべて撮ってきて、それをネタにゆすって江沢民派を拡大させていったようですから。相手の恥部を握り、恫喝したりするのは中国の十八番でしょうけれど、スマホ時代になって誰でも簡単に証拠を残せますよね。

面白いのは、英紙『ザ・タイムズ』や中国の一部メディアが報じた、トニー・ブレア元首相と郭文貴との関係です。二〇一三年、ブレア元首相は数十億ドルを集める彼を手助けすべく、プライベートジェット機で共にアブダビへ飛び、ロイヤルファミリーを紹介したという。

宮崎　そうそう。アブダビの王様と共同のファンドを設立したとか。ブレアは何か釈明していましたけども。

河添　さらに驚くのは、郭文貴さん、トランプ家の別荘で高級会員制リゾートとして運営されてきた、「マール・ア・ラーゴ」クラブのメンバーの一人なのです。彼は少なからず、中国指導者層の一部とは表裏一体の関係にあり、重要な手足だったと考えられます。

注1　張徳江　一九四六〜　遼寧省出身。一九七一年共産党に入党。延辺大学朝鮮語学部で学ぶ。その後江沢民の知己を得て、次々と出世し、現在、党内の序列第三位。第九代全国人民代表大会常務委員会委員長（国会議長）。第十八期中央政治局常務委員。

注2　張高麗　一九四六〜　厦門《アモイ》大学卒業。深圳市《しんせんし》党委書記、天津市党委書記。政治局常務委員。

暗殺団を百人送る

宮崎　それにつけても、ついさっきまで、重慶トップだった人間が、あっという間に失脚して刑務所に入れられて交替していく。選出するのも失脚するのも選挙じゃなくて、ビックブラザー、習近平のご意向次第。アメリカでは、トランプ大統領だってこんなことはできない。オーウェルの『一九八四』が日本でも売れていて、その理由はトランプ政権ができたからと版元は吹聴しているけれど、冗談じゃないよね。オーウェルが聞いたら「ふざけるな、いまの中共が『一九八四』だ」と怒るよね（笑）。
それから郭文貴にまつわるスキャンダルストーリーというのは、とにかくみんな『水滸伝』の主人公みたいなものなんだよ（笑）。だから、中国共産党の権力闘争に名前の出て来る政治家、経済人など一人一人バックグラウンドを書き込んでやると、『現代版・水滸伝』みたいになる。河添さん、そういう本を書いてみたら？　郭文貴も面白いけれど、胡錦濤の側近で、汚職容疑で逮捕された令計劃《れいけいかく》の弟、令完成《れいかんせい》の逃亡劇《とうぼうげき》も傑作《けっさく》だったよね。最近ユーチューブで、令完成がゴルフをしている映像も流れていますが。

河添　大笑いでした。団派出身の令計劃さん、胡錦濤さんの影すら踏まないジミで真面目～に見えるお方でしたから。で、弟の令完成は兄から手渡された二千七百ほどの秘密ファイルを持って、アメリカに亡命しましたね。

宮崎　そのファイルの中身は諸説あって、つまり中国が持っているＩＣＢＭ（大陸間弾道ミサイル）の指揮系統から暗号までの機密が持ち出されたという説と、そうじゃなくて、幹部たちのセックス裏ビデオをみんな持ち出したと……。

河添　雑多に何でも含まれているんじゃないですか？

宮崎　同じような〝機密〟を持って、郭文貴もアメリカに逃げていったけれども、『ボイス・オブ・アメリカ』とかユーチューブに頻繁に出て、中共幹部のスキャンダルをしゃべりまくっている。王岐山の豪邸を暴いたりもした。本当かどうか不明だけど、マンハッタンに住んでいるとのこと。ともあれ、彼の暴く情報それ自体は、既に香港などでも漏れ伝わってきたもので、少なくともチャイナ・ウォッチャーなら知っているスキャンダルの範囲内でしかない。あまりやり過ぎると危険だと思っているのかもしれない。『毛沢東の私生活』（文藝春秋）を書いて、毛のセックススキャンダルを公表した元毛沢東付の医師・李志綏《りしすい》も亡命先のアメリカで謎の死をとげたことがありますし。

河添　はい、元侍医の李志綏さん、一九九五年二月、アメリカのTVインタビューに応じた際、「もう一冊、共産党の内幕を書く」と発表しました。ところがその数日後、自宅バスルームで死体となって発見されました。毛沢東の自堕落過ぎて呆れ果てた真実を吐き出さないまま死ねないと考え、言論の自由、創作の自由が認められた〝安全地帯〟のアメリカから発信するに至ったと思われますが、そこにも暗殺の手が伸びました。

宮崎　郭文貴、ヘタしたら李志綏みたいに殺されるね。

河添　フロリダ州パームビーチの別荘「マール・ア・ラーゴ」で四月に開かれた米中首脳会談で、トランプ大統領に対し、習主席は国際刑事警察機構（ＩＮＴＥＲＰＯＬ）から指名手配の身である郭文貴と、中国の機密資料二千七百余りを手に米国へ逃げた令完成について、中国への送還や横領品の回収への協力を願い出たそうです。

米中双方にとって、ディール（取引）として使えない。用無しになったら消されそうですね。ただ当分、アメリカ側はまだ彼を使う価値があると見ているのでは？　郭文貴も複数の外国パスポートやグリーンカードを所持し、中国パスポートを使用していないそうです。さらに、「米連邦捜査局（ＦＢＩ）や米中央情報局（ＣＩＡ）と連絡を取り合っている」と、アメリカの保護下にあることを暗に訴え抵抗しています。

アメリカとしても、『ニューヨーク・タイムズ』紙などが報じた通り、中国でスパイ活動をしていたＣＩＡの情報提供者が、二〇一〇年以降、殺害や拘束され、中国においてのアメリカのスパイ網が壊滅的状況に陥っていたとすれば、郭文貴のような〝獲物〟は離したくないはずです。

宮崎　令完成に至っては、中国が暗殺団を百人ほどアメリカに送ったんですよ、もちろんバラバラで。それをアメリカが知るところとなって、あのオバマでさえ怒って、内々に抗議した。ＦＢＩの保護下に、令完成は置かれています。

河添　獄中の令計劃さん、叫んだり泣いたりと気が狂ってしまったとかで、獄中から精神病院に移されたとの情報が複数カ所に出ています。息子は交通事故で無惨な死を遂げていますし、自身のキャリアも後一歩のところで大転落したわけで、気が狂ってしまったのだろうと思ったのですが、「刑期を短くするため、気が狂ったふりをしている」との論説も散見していて、中国社会って本当に残酷だなぁと。

第五章

朝鮮半島をめぐる米中露三つ巴の裏舞台

北朝鮮に対して無力の習近平

河添 二〇一七年四月に行われた米中会談で、習主席の随行メンバーでおやっと思う人はいましたか？

宮崎 汪洋副首相が習近平の隣にいましたね。

河添 ティラーソン国務長官の対面でしたね。汪洋さんは昇進する感じですね。

宮崎 汪洋が団派の出世頭になるかもしれない。次期首相とか。訪中する日本の有力者との面会でも必ず出てくるのが、この汪洋です。問題は軍人ですよ。房峰輝《ぼうほうき》が習近平訪米団に一緒に行っているんだよ。他の軍人の幹部はみんなもういないんだよね。

ということは、元総参謀長の房峰輝は太子党だけれども習近平に寝返ったとみていいかもしれない（しかし、九月に「規律違反」で拘束）。結局、中国が連れていったメインはビジネス関係者ばかり。商務部長（大臣）も鍾山《しょうざん》とかいう無名の人。かろうじて外交畑の楊潔篪《ようけつち》（国務委員）、その隣に王毅《おうき》（外相）がなんとか紛れ込んでいるって感じでした。

河添 そんな感じでしたね。習主席に同行したのは、鍾山・商務部長しかり、劉鶴《りゅうかく》（中央財経指導小組弁公室主任）、栗戦書《りつせんしょ》（党中央弁公庁主任）ら腹心ばかりでした。この時の訪米について、私は習一派の土下座《どげざ》外交だったと幾つかの媒体で書き、大きな反響を呼びました。なぜなら、この時の米中会談のテーマは北朝鮮問題だったのに、随行メンバーに北朝鮮と内通する人材はいませんでした。国家主席に就任後の慣例だった中朝「兄弟国」トップ同士の面談もせず、金正恩の特使が持ってきた信書すら読もうとしない習主席には、金正恩の軍事的な暴発を阻止する力がないのです。

宮崎　信書を読まなかった？

河添　あ、読んだかもしれません（笑）。ただ、二〇一三年五月、崔竜海《さいりゅうかい》・朝鮮人民軍総政治局長と習主席が会見した際、中韓メディアは、「崔竜海が金正恩の親書を手渡すと、習主席は何も言わず無表情で受け取り、片手で秘書に手渡した」と写真と共に報じています。崔竜海は、金正恩が指導者となって初めて中国に送り込んだ特使ですが、習主席は彼を邪見に扱いました。さらに、習主席は露骨に韓国を重視する政策に切り替えています。

二〇一五年九月の抗日戦争勝利記念のイベントでは、習主席の右隣にプーチン大統領、その右隣になんと朴槿惠前大統領（現容疑者）が並び、赤絨毯を歩く際には習主席を真ん中にプーチン大統領と朴前大統領が両隣を占めました。同イベントに金正恩第一書記の代理で送り込まれた側近、崔竜海・労働党書記に対して、習主席は会談すら拒絶したと報じられています。金正恩は怒り狂ったと推測します。

なぜ、習近平がそういう態度を取るのか。一つには、金王朝との関係は江沢民派、とりわけ吉林幇、石油閥、旧瀋陽軍区《しんようぐんく》（現北部戦区）が長らく掌握してきました。

訪米前の四月に、習主席は南部戦区の陸軍機関に赴き、「郭伯雄と徐才厚の毒を徹底的に流し、その影響力をなくす」と語ったことも報じられています。南部の福建省での経歴が長く、台湾を含む東南アジアの華僑華人らと人脈・金脈工作をしてきた習主席にとって、中国東北部はいまだアウェーなのです。

宮崎　胡錦濤政権時代に軍制服組の最高位、中央軍事委員会副主席だったのがこの二人、郭伯雄と徐才厚、江沢民派だったね。

河添　はい、粛清コンビです。習政権の発足後に第一副主席の郭伯雄は収賄罪に問われ、二〇一六年七月には無期懲役が言い渡されました。また、「先軍政治」の金王朝と長く一心同体だった旧瀋陽軍区（現北部戦区）を出身母体とする吉林幇の徐才厚副主席も、二〇一五年十月に獄中死しています。党籍や上将の階級を剥奪された両副主席の、妻子ら家族も拘束されています。しかも朝鮮族が多い地域で、メンタリティも異なります。北京への忠誠心などないでしょう。刑務所と鬼籍に送ったのに、長年、権勢を振るってきた江沢民派の軍の毒を抜くことは容易じゃないってことだと思います。

四月の米中会談において、トランプ政権の成果といえば、習主席が軍部を掌握し切れていないこと、中国政権内部が分裂し軍閥化していること、習近平が国内で「核心」の称号を授けられ、それを国内外でいくら喧伝しようが、実は〝張りぼて〟だって見抜いたことではないかと思っています。トランプ大統領のその後の振る舞いをみても、米中関係をまた、上下関係に仕切り直すべく、習近平に対して飴とムチを使っています。

朝鮮族に北京への忠誠心はない

河添　江沢民派は別名、上海閥ですが、中華人民共和国の建国から間もない頃の江沢民のキャリアは吉林省にあります。江沢民は一九五〇年代、長春第一汽車製造廠（自動車製造工場）に勤務し、モスクワのスターリン自動車工場で研修を受けたこともあります。彼は昇格していく段階で、吉林省出身の幹部を次々と幹部候補に抜擢し、張徳江をドンとする吉林幇を形成しました。
　そのため習主席は政権発足当初から〝(南北)朝鮮半島の植民地化〟を目指しましたが、相性が悪い金王朝との関係をなかば放棄する形で、先に朴前大統領の韓国の属国化に動きました。

宮崎　ところが二〇一六年七月、朴前大統領は高高度ミサイル防衛システム(THAAD)の配備を決めた。

河添　それはつまり、習主席が主導する南からの朝鮮半島工作は失敗したってことです。延辺大学朝鮮語学部で朝鮮語を専攻し、金日成総合大学経済学部への留学経験もあり、吉林省の延辺朝鮮族自治州党委書記や吉林省党書記などを務めた張徳江をかなめとする北朝鮮との関係は長く蜜月でした。一九九〇年三月、江沢民国家主席が訪朝し金正日と面談した際には通訳をしていますが、二〇〇六年一月に、金正日が広東州大学街を視察した際も、当時、広東省委員会書記だった張徳江が同伴し、江沢民元主席も随行しています。
　二〇一一年七月、中朝友好協力相互援助条約の締結五十周年を記念して、中国から中朝友好協会や中国人民対外友好協会などが、金正日総書記と後継者に決まった金正恩・

労働党中央軍事委員会副委員長と面談していますが、その際の親善代表団を引率したのも張徳江副首相です。金王朝と長きにわたり最も緊密な関係にある張徳江は「金（正日）の中国の代理人」の異名を持ちます。

宮崎　北朝鮮を制裁するなんて中国は口で言っているけども、本格的には絶対しないでしょ。ということは、北朝鮮は中国の持ち駒としてどういう位置付けだろうかといろいろ考えてみたら、やっぱりヤクザにおける「鉄砲弾《てっぽうだま》」なんだよ。誰かが殺しに行ったけど、あれウチと関係ない、ウチの若い者が勝手に判断して走っただけだっていうふうに開き直ることが中国としてはできる。北朝鮮はそのための持ち駒。だって肝心の核の核心的技術は与えてないですからね。小型核を搭載したＩＣＢＭは三年以内に完成できるって言ってますが、それはちょっと難しい。金正恩に夢を持たせているだけだと思う。ＣＩＡは二〇一九年頃としてきた予測を改めて、「一年以内に開発」と言い直し始めましたが……。

河添　習一派は金王朝の核・ミサイルの暴発を阻止したいわけですが、中国共産党内部が分裂状態、内戦状態ですから統制がきかずできないと私は考えています。軍の再編も失敗しています。二〇一六年二月、七大軍区から五大戦区に変わりましたが、五大戦区すべてを北京で管轄したい習主席の思惑は叶いませんでした。それどころか、過去に金正日が何度も訪れている張徳江らのテリトリー、旧瀋陽軍区は北部戦区となり拡大しました。

この数年、習一派は朝鮮半島マター、すなわち江沢民派の企業の摘発と責任者の逮捕、東北三省の幹部の首のすげ替えなどに邁進してきました。その挙げ句、中南海への核やミサイル攻撃、さらには金正男氏の暗殺と同じ、毒ガス攻撃の危険性すら高めています。

中国一党独裁政権、この表看板はとっくにメッキの如く剥げ落ちています。習一派と江沢民派との権力闘争は、すでに朝鮮半島の三十八度線にも匹敵する臨戦体制だと考えています。ですから、経済案件をぶら下げ、習主席はまずアメリカへ命乞いするしかなかったのでしょう。

朝鮮半島（北朝鮮・韓国）の属国化を狙う中国

宮崎　朝鮮半島（北朝鮮・韓国）は、長年、中国の華夷秩序の下で従属しながら生きていた地帯だよね。一時的に日本の事実上の統治下に置かれたけれど、中国と韓国、両国家はそもそも互いに見下し合い、近親憎悪すら根底に流れる関係にあった。

河添　はい、その中国と韓国が、「再び」公然と接近するようになったのは、東西冷戦が終結し両国が国交を樹立した一九九二年八月からです。

宮崎　その頃から、慰安婦問題なども声高に言われるようになり、「反日」問題では、事実上の「中韓同盟」が作られました。

河添　以来、二十余年、中国政府は表面上、北朝鮮と韓国に対して「等距離外交」に務めてきました。北朝鮮と接する中国東北部の瀋陽軍区と、「先軍政治」の金王朝はミサイル・核開発で関係を深化させてきました。そして我慢強く〝チャンス〟をうかがってきたわけです。

それは朝鮮半島すべてを、再び中国の勢力範囲に入れる、つまり属国化するという戦略です。二〇一七年四月六〜七日の米中首脳会談後、『ウォールストリート・ジャーナル』(四月十二日付)が報じた内容からも、中国の本心が透けて見えます。

トランプ大統領が習主席から中国と朝鮮半島の歴史について〝講義(レクチャー)〟を受けたとして、「彼(習主席)はその後、中国と朝鮮の歴史を説明した。北朝鮮ではなく朝鮮(半島全体)の話だ。数千年にわたる話で、多くの戦争があった。朝鮮は実際には中国の一部だったと語った」と報じられました。
これに対して、韓国の主要メディアは「首脳の歪曲された歴史認識が波紋」「トランプ大統領の失言か、習主席の妄言か」などの見出しで反論しています。日本のメディアは大枠で、「通訳を介した会話で、トランプ大統領が、習主席の話を正確に理解した上での発言なのかは定かでない」と、どこか逃げ腰の論調が目立ちました。

宮崎　メディアは自分たちの勝手な解釈を平気でやりますからね。

河添　トランプ大統領は計算づくで、「習政権は、朝鮮半島を中国の一部と考えている」ことを強調し、かつ〝暴露〟したかったんじゃないでしょうか？　そして中韓関係を、「より悪化」させたい意図も含まれていたかと思います。一方の習主席からすると、「韓国が高高度ミサイル防衛システム（ＴＨＡＡＤ）の配備を決めたけれど、韓国にはそのようなことをする権限はなく、その是非を決定する権限は中国（オレ様）にある」と、トランプ大統領に〝講義〟ではなく〝抗議〟をしたつもりだったのかなと。
中国は長年、韓国とは「援助交際」に徹してきました。お金持ちの中年男が、金品をあげて未熟な女子高校生を飼い馴らすように、自動車、電子製品、化粧品、アパレル製品、菓子類、そして韓流ドラマや映画など、韓国ブランドを意図的に持ち上げて、時には〝大人買い〟もしてあげました。たとえば、二〇〇八年八月の北京オリンピックを控え、中国で生産される現代《ヒョンデ》自動車のソナタを、北京市の標準タクシーにも選んであげました。韓国の最大貿易相手国はいつしか中国となり、対中貿易で潤ってきたのです。

宮崎　韓国人も「金」に弱いからね（笑）。

河添　二〇一六年七月、THAAD配備を決めた朴前大統領の悲劇的命運と、韓国の大混乱は、周知の事実ですが、二〇一七年七月の報道によると、現代自動車は「今年四～六月の中国販売が前年同期比で四割減」と発表していますし、楽天超市（ロッテマート）など韓国大手のスーパーも、中国で展開する店舗の八割が営業停止や休業に追い込まれたまま、再開のメドはたっていないようです。

中国市場へ参入後、中国の国有企業と同様に各地域に支社と下部組織の事業所を展開してきたサムソン電子は、事実上、〝準国有企業〟的な高待遇にあったのですが、支社七カ所（華北・華東・華南・華中・西南・西北・東北支社）について徐々に閉鎖されていく可能性が高まったとのことです。「中国のスマホ市場においての売上げで、ピーク時より六割近く販売額が減少」とも報じられました。

「貢いでやったのに、その親（中国）を裏切る、THAAD配備を決めた子供（韓国）は地獄に行け」というのが習政権の韓国に対する仕打ちでしょうね。

宮崎　自業自得の側面がなきにしもあらずってところですか。

河添　さらに「呆れ果てる」としか言葉が見つからないのが、韓国の有権者ですよね。北朝鮮による核実験とミサイル発射の脅威が急速に高まる中でも、親北朝鮮派の文在寅が大統領に選ばれたのですから。彼は、中国とロシアの顔色をそれぞれうかがいつつ、六月の初外遊先はアメリカです。韓国支配層の〝DNA〟ともいえる「事大主義」を改める気配はまったくないようで、カメラ目線の笑顔も、どこか不気味。「条件が整えば、金正恩委員長とも会う」と述べていますが、韓国に何か解決する力があるなんて、世界の誰も思っていませんよ。

それどころか、北朝鮮国営ラジオの平壌放送（七月三日）は、文大統領の訪米について「哀れな事大屈従」と批判し、「就任後初の行脚がホワイトハウスの主人の歓心を買うための赴任挨拶だということは二言を要さない」と論評し、「『自主か外部勢力追従か』『わが民族同士かアメリカとの同盟か』という重大な岐路に立っているということを肝に銘じ、いまからでも熟考するのが良いであろう」と主張していました。

こうした北朝鮮問題を巡ってのパワーゲームに関わりながらも、〝漁夫の利〟を求めほくそ笑んでいるのはロシアのプーチン大統領かなと。

宮崎　韓国のあちこちを歩いて気がついたんだけど、韓国民にはまるで危機意識がない。呆れるほど脳天気なんです。

いまだに謎の天津爆発

河添　私は中国語と英語で、関心あるニュースのみ乱読しているのですが、特にアメリカと台湾、香港にポータルサイトが置かれた中国語のニュースサイトからは、相当にディープな内容が出ることもあります。それから、海外の友人や知人とも度々意見交換しています。「瀋陽軍区が金正恩体制を支援している」「中国の核開発拠点は成都軍区だが、瀋陽軍区が北朝鮮と共に核開発を進めていた」「食糧もエネルギーも瀋陽軍区や遼寧省の国境町、丹東市《たんとうし》周辺の軍産企業から北朝鮮へ流れている」というのが、かつてから国内外の軍事専門家の見解でもありました。朝鮮半島は江沢民派の牙城と私は結論付けていますが、ソ連担当の後、金日成《キムイルソン》政治大学にも留学経験があるアメリカ人ジャーナリストにその件を尋ねたところ、「あなたの分析は正しい」と言われホッとしました。

宮崎　それにしても、張高麗みたいな軽量級がなぜチャイナセブンの序列七位に入れたかっていうのは、江沢民へのゴマすりの結果でしょう。

河添　彼は石油閥で化学兵器の分野を牛耳っているはずで、金日成《キムイルソン》政治大学で短期研修を受けた経歴を隠しているという話もあります。プーチンとも近い関係にありました。

二〇一七年四月に「中国初」の純国産航空母艦（空母）の進水式が行われ、この際、習主席は欠席しました。ウクライナから購入して改修した中国初の空母「遼寧」が中国船舶重工集団公司の大連造船廠（遼寧省）から海軍に引き渡される際、二〇一二年九月の式典には、前出の郭伯雄や徐才厚・中央軍事委員会副主席以外に、胡錦濤国家主席や温家宝首相らも出席しているのに、です。北朝鮮情勢が緊迫する最中とはいえ、中国軍事委員会主席の立場にある習主席が、「初の国産空母」の進水式に欠席したのは、「江沢民派の空母」との意識があるからでは？　この度の空母も「遼寧」と同じ大連造船廠で建造されていて、しかも名称が「山東」になると報じられています。瀋陽軍区は軍の再編後、北部戦区として拡大し、飛び地で山東省も含んでいます。

朝鮮半島（北朝鮮と韓国）との関係が密接な山東省で、省長や省党委書記などの要職に就いて現政権の序列七位へと昇格したのが張高麗副首相です。

宮崎　江沢民時代、江沢民の行く先々にちょろちょろと張高麗が後からついて動いている画像があって、この人は腰巾着《こしぎんちゃく》の便利屋だから、出世したというのが多くの観測だったんだけど、そうじゃなくて、化学兵器の分野も牛耳っているわけ？

河添　私はそう認識しています。腰巾着なら他にも山ほどいますよ～（笑）。少なくとも二〇一五年夏の天津の爆発は何だったのかについても、あの倉庫は化学兵器の隠し場所といった噂もありました。あの地、あの企業と無関係でないのは張高麗です。

宮崎　あれいまだに何人死んだか分からない。原因も分からない。処分はペーペーの処分だけ。ただ、あまりにも被害が大きかったから、時間をずらして、習近平の家来だった黄興国《こうこうこく》が失脚しましたが。

河添　黄興国について、某メディアが習近平派と書きましたが、それは間違いです。中国語のメディアはすべて江沢民派と記されています。それどころか、江沢民の忠実な部下だった黄菊《こうぎく》元副首相の甥と言われています。

それと興味深いのは、朝鮮族が多い吉林省《きつりんしょう》の延辺《えんぺん》朝鮮族自治州。国境に近いところには戦前からの日本の工場が残っていましたが、真偽は定かでありませんが化学兵器を造っていた工場だと聞いたことがあります。日本統治時代の関東軍《かんとうぐん》（満洲に駐屯した日本の陸軍部隊）の技術を戦後、奪取したのが北朝鮮とソ連です。そのノウハウを基礎に、瀋陽軍区はアメリカや日本からの技術をくすね、ソ連からの技術を得て、北朝鮮と共にミサイルや核開発を進めてきたのでしょう。

宮崎　なるほどね。延辺《えんぺん》には二回行ったことがあるけれど、そこまでは見なかった。

羅先経済特区と羅津港

河添　遼寧省は大連港など大きな港がありますが、吉林省と黒竜江省《こくりゅうこうしょう》は海に面していません。それで北朝鮮の不凍港、羅津《らじん》港がほしいわけです。羅津港から日本海を渡って新潟は近いですし、北極海航路を開拓する拠点としても重要です。羅先《らせん》経済特区と羅津港を中国側が都合のいいように使い倒すつもりが、金正恩によって二〇一三年十二月、義理の叔父の張成沢《チャンソンテク》が無惨な最期を遂げました。北朝鮮の羅先経済特区、羅津港は、北朝鮮の親中派と、張徳江ら吉林幇、瀋陽軍区が開発してきたのです。羅津港に北朝鮮や中国の女性が派遣されて、張成沢の生前は船上で乱痴気《らんちき》パーティーをやったりしていたとか。

宮崎　中国人にとってみれば、ウラジオストックを取られたというのはいまでも癪《しゃく》に障ることで、絶対ウラジオって言わないんだよね。海参崴という漢字の名前でしか表現しない。だからいつか尖閣《せんかく》や、沖縄のように、ウラジオを奪取するつもりだと思う。

河添　それについて、プーチンは何年も前から危機感を持っていたようです。

宮崎　あの辺はハサン地区といって、そこからウラジオまでほんの至近距離なんだけど、四輪駆動でしか通れないデコボコ道しかない。だからあそこを整備すれば交通の便は良くなる。二〇一六年の秋にもウラジオストックに行って、ガイドを雇《やと》って北朝鮮の国境まで行きたいといったら、ロシア人ガイドが嫌がりました。中国側から二回ほど国境（国門《こくもん》と言いますが）へ行って写真を撮《と》ったことがあります。

河添　国防上から、まともな道を造らないって話を聞いたことがあります。で、船を使っているのでしょうね。

宮崎　意図的にロシアも道を造ろうとはしないね。中国に利便性を持たれるのが嫌だと。

河添　領土を蚕食《さんしょく》されていくので。

宮崎　日本から全千島、北方領土、南樺太《からふと》を火事場ドロボーした旧ソ連、いまのロシアが、そこまで中国を恐れているんだから、中国の領土欲は限りがないね。

河添　張成沢が殺され、羅津港も一時は開店休業状態になったようですが、この二年ほどは再び動き出し、ロシアと中国が使っています。延辺で取れた石炭を、羅津港を利用して上海へ輸送したりもしています。

ロシアが絡んできた

宮崎　万景峰号《マンギョンボン》も羅津港とウラジオストックを結ぶ航路を就航しています。ロシアも露骨に絡んできたよね。だぶついている石油を、密輸でドル決済でどんどん北に売りたいとプーチンは思っている。石油さえあれば、北はミサイルをいくらでも撃てる。

河添　プーチン大統領、ウハウハでは？　ロシアは喜んで売りますよね。マレーシアと北朝鮮もこれまたツーカーです。金正男の遺体も北朝鮮に渡しましたしね。華僑華人の割合が多いマレーシアと中国と北朝鮮は、なんというか〝ブラックな仲間たち〟ですよ。

サイバーテロで最近、銀行のおカネをごっそりハッキングしたりしていますが、グーグルの技術担当の上層部が、「中国の東北三省に拠点が少なくとも四カ所ある」と語ったことが報じられました。

宮崎　瀋陽と丹東のビジネスホテルに長期滞在してやっているとか。

河添　その一カ所は、瀋陽市内の各国領事館が集中する地域に建つ、北朝鮮系の四つ星ホテル「七宝山飯店」です。遼寧省丹東市の鴻祥《こうしょう》実業発展の馬暁紅《ばきょうこう》董事長《とうじちょう》兼総経理が運営管理していたホテルです。

宮崎　それならホテルって名ばかりで、表看板ホテルだけど、裏は実は北朝鮮のハッカー部隊駐屯所だ（笑）。

河添　その他、覚せい剤の密売、売春斡旋などなど、超ブラックな場所だったみたいです。

宮崎　遼寧省丹東には三回行ったことがあるけど、急発展して五つ星ホテルはあるし、なかなかのもんですよ、あそこ。凄く豪華な韓国料亭もある。

河添　馬暁紅ら幹部は二〇一六年九月、「北朝鮮の核開発を支援」「国際制裁の回避努力を支援」などの疑いで捜査中と報じられ、事実上、粛清されました。アメリカ議会は同年、北朝鮮と取引する中国企業への制裁などを盛り込む制裁強化法案を可決させており、鴻祥実業と幹部の犯罪疑惑、とりわけ北朝鮮の核開発と国際社会からの経済制裁の回避努力を支援したとみられる証拠を、アメリカ政府から中国当局に提示したとされます。習一派とアメリカが組んで北朝鮮関連企業を潰しにかかっており、その一発目って感じでした。

鴻祥実業は北朝鮮との国境に位置する丹東市の「百強企業」の中でも、最有力企業の一社に名を連ねていました。馬容疑者は全国人民代表大会（国会）の代表にも選出され、もちろんすでに辞任していますが、「丹東一の富豪女性」の称号を持つ四〇代の美人女社長でした。北朝鮮に向けて、核開発関連物資や兵器の関連部品を大量に密売していたのが女ボスとは、まるで映画『００７』のようです。

宮崎 ともかく旧瀋陽軍区と北朝鮮の関係が、中国の権力闘争の利権獲得戦であったというダークサイドには、もう少し注目が集まってもよいでしょう。馬暁紅女史は妙齢の四十三歳と聞いていますが、写真で見る限りなかなかの美人じゃないですか（笑）。

河添 北朝鮮側のパートナーが誰かは常に「秘密」だったようですが、金正恩の義理の叔父、張成沢との密接な関係がささやかれながら、彼が国家転覆陰謀罪で処刑された後も、業績は早々にリカバリーしています。張徳江との愛人説も出ていて、そうなのかなと個人的には納得しています。

馬暁紅は中共中央対外連絡部所属の工作員との噂も出ました。中国の複数メディアによると、庶民家庭の出身で、丹東市内のショッピングモールで働いた後、中朝貿易に関わり、二〇〇〇年に資本金一・九億元で鴻祥を創業したとか。北朝鮮のクワンソン銀行のダミー企業という噂もありました。いずれにしても馬女史は北朝鮮との合弁による服飾工場の経営や鉱山、石炭、鉄、非鉄金属の採掘、重油の販売など、北朝鮮ビジネスを幅広く手掛けていきます。さらに前述の「七宝山飯店」の運営管理や、丹東市の北朝鮮レストラン「柳京食堂」の経営他、地理データやメガデータ処理関連企業、旅行社などの会長や幹部の肩書きも持っていました。

彼女の企業が所有する七隻の密輸船は丹東港を出入りしていたわけですが、人大代表を二期務めるなど、彼女との接点が多いもう一人の大物は、アメリカで名前が浮上しました。

宮崎　誰かな？

河添　遼寧省丹東市にある日林実業集団の王文良《おうぶんりよう》会長です。クリントン財団の元幹部で選対幹部も務めた「クリントン夫妻の側近中の側近」バージニア州のテリー・マコーリフ知事が、王文良会長から違法な選挙資金の提供を受けた疑いで、米連邦捜査局（FBI）と米司法省によって調べられていることが、大統領選最中の二〇一六年六月に報じられました。ニューヨーク大学の米中関係研究所創設のためやハーバード大学、シンクタンクなどへ多額の寄付をしている王会長から、マコーリフ知事を介してクリントン財団に二百万ドルが寄付されたとの疑惑です。

　王会長の日林実業集団は、中国駐ワシントン大使館の建設工事をはじめ、領事館などの施工や修復など国内外の重要な案件を請け負ってきた核心的な企業集団です。そして丹東港集団は、東北アジア経済圏の中心、北朝鮮との国境に位置する丹東港の管轄権を持っています。とすれば中国国家安全部か人民解放軍系、江沢民派に近い企業だと推測できます。

　江沢民国家主席の九〇年代、中国の核ミサイル戦力が飛躍的に強化されました。ビル・クリントン大統領時代です。クリントン政権の中枢は、「中国の軍拡政策に反対すべきではない」との考えで、軍事目的に転用できるハイテク技術の売却にも積極的だったとされます。しかも、北朝鮮が核兵器用の濃縮ウランの秘密生産を開始し、テポドン一号を発射させたのもクリントン時代です。ちなみに、クリントン大統領時代にアメリカ大使を務めた江沢民派の李肇星《りちょうせい》（中国公共外交協会会長）と王会長は、密接な関係にあります。

第六章　金融という凶器を持った超成金たち

人民元のSDR入り

宮崎　さて、金融という凶器を持った超成金国家・中国がいま世界をいろいろとひっくり返していますが、この問題の本質とは何か。要するに、人民元をどうしてここまでハードカレンシー（交換可能通貨）に似通ったレベルにまでイギリスもアメリカも、つまりロンドンのシティとニューヨークのウォール街が共謀するかのように持ち上げちゃったかというのが根本原因です。

ペリー来航以前のアメリカが中国に夢を見ていたように、いまもなおチャイナを巨大市場だと思っている。日本はその手前における中継地という見方。それは、ペリー時代からの位置付けでしょう。日本が日清《にっしん》・日露《にちろ》戦争に勝ったまでは良かったけれど、その後に満洲国を建国したあたりから、アメリカの対日警戒心がもの凄く強くなった。それでその分、シナに肩入れして日本を戦争に巻き込み、後ろからアメリカは日本をやっつけた。それが大東亜戦争でした。

河添　中国軍はへなちょこで、逃げるだけだし、日本軍は規律も守り強かったはずですが、結局、情報戦に負けてしまった感じです。

宮崎　ともあれ、戦後は冷戦時代。一九五〇年に始まった朝鮮戦争以降は米中対決の時代だったけれど、ニクソン外交以降、反ソ優先で米中和解、米中協調の時代になった。やがてソ連も崩壊し、ロシアになり、アメリカは中国といろいろと問題を抱《かか》えつつも、中国マネーには色気を示している。こういう構図を考えると、やっぱり中国の経済、特に人民元通貨を強くすればするほど、米英にとって利益があるとの錯覚が存在してきたと言えます。

その結果、二〇一六年十月一日に、ＩＭＦ・世銀のＳＤＲ（ＩＭＦに加盟する国が持つ資金引き出し権）通貨に、人民元を資格もないのに認めてしまった。これは一種の暴挙だよね。十二歳の中学一年生に自動車免許やアダルトビデオを与えるようなものです（笑）。

河添　保守の先生たちは、「ＳＤＲ入りするわけがない」って異口同音におっしゃっていましたが、私はＩＭＦのクリスティーヌ・ラガルド専務理事の任期中に、人民元は入ると確信犯的に思ってきました。そもそも、中国の人民元がまともな通貨でないことくらい、ＩＭＦも世銀も、何より中国共産党幹部自らが分かっていることです。入るか否かは、政治ですよね。

人民元の国際化、基軸通貨化に向けて、IMFの切り崩しに躍起になってきた中国は、二〇〇九年八月に五百億ドルのIMF債権を購入し、出資比率を六位から日本の次の三位へと浮上させせました。その頃、欧米の金融業界で〝ミスター元〟の異名を持つ国際エコノミスト、朱民・中国人民銀行副総裁が、「世界の外貨の六割にあたる四兆ドルが中国を中心とする東アジアにあり、IMFが引き続き世界経済への影響力を維持したいのなら改革が必要」と発言するなど、新興国の出資比率拡大をIMFに求めています。

世界銀行で六年勤務した経験もある朱民は、二〇一一年七月、中国籍で史上初のIMF副専務理事に就任しましたが、議決権の一六・七%を有するアメリカは、IMFの構造や活動に関する大きな変更について、事実上の拒否権があるため、「改革案」は米議会の壁に阻まれ続けました。

世界金融のメインストリームへ殴り込みをかけた中国ですが、意のままにならないのなら、ロシアなどと新銀行を立ち上げ揺さぶる方が得策と考えたのでしょうか？　でも、実のところ追い風でもあったわけです。IMFのクリスティーヌ・ラガルド専務理事が、IMF本部を米ワシントンから中国の北京へと移転する考えを表明しました。世界銀行はアメリカ主導、ＩＭＦは欧州主導という不文律があったのですが、ＩＭＦを私物化しつつあるアメリカに対し、影響力を発揮しつつある新興国のみならず、欧州が不満に感じていたためでした。中国政府がＩＭＦへ送り込んだ〝ミスター元〟の工作手腕が、ボディブローのように効いてきたのでしょうか？　いずれにしてもフランス人のラガルドさん、とっても〝中国寄り〟なお方でした。

どっちつかずの米英のマネー資本

宮崎　ところがＳＤＲに入った途端、人民元がガタガタッと崩れ、国際貿易の決済手段で人民元のシェアが減り、その相場が下落している。これはアメリカやイギリスにとっては想定外の出来事のはずです。ウォール街もシティも、戦略の練り直しをやっていると私は見ています。対中強硬派のスティーブ・バノンも更迭されたことだし。ウォール街とシティにとって、中国カードはいまやババ抜きのババ。アメリカはさっさと逃げたけど、イギリスのシティはＡＩＩＢ（アジアインフラ投資銀行）に一番乗りしたりして、まだ保持《ほじ》しつつも、このジョーカーは次にドイツに渡すつもりらしい。

ところで、ブッシュ政権の時代、ポールソンが財務長官でしたが、彼は財務長官になる前に七十回も北京へ通いました。要するにアメリカを代表する親中派バンカーですよね。

河添　はい、ゴールドマン・サックス出身の。

宮崎　それで中国工商銀行の株を買って、大株主になった。そんなゴールドマン・サックスに追随して、他のアメリカのファンドもみんな中国の株を買った。それが二〇〇八年九月のリーマンショックの〝一因〟になりました。リーマンショックを口実に、アメリカ勢はみな退き、株を放出した。それを買ったのが、シンガポールのテマセク・ホールディングス、リー・クアンユー一族のファンドです。それからタイの華僑も買ったよね、多少。つまりアメリカは中国から退いたと私は思った。ところがそうではなくて、他の面でまだまだ中国にテコ入れしていた。

河添　ニューヨークに拠点を置くプライベートエクイティファンド大手の、ブラックストーンってグループがありますが、あそこも中国とズブズブですね。中国の外貨準備を多元的に投資する目的で二〇〇七年九月に二千億ドルで創設した、中国投資有限責任公司（CIC）が最初の投資先に選んだのはブラックストーン・グループでした。

CICから三十億ドルの投資を受けたブラックストーンは、同年に上場しています。

リーマン・ブラザーズを退職した金融のプロが一九八五年に設立し、今や世界最大規模の投資運用会社とされるブラックストーンですが、十年前、「ブラックストーンのような評価の高い会社に、最初の投資が行えることは大変に喜ばしい」と語ったＣＩＣの初代董事長・楼継偉《ろうけいい》は、習政権では財務部長（大臣）も務めました。

宮崎　ブラックストーン創業者の一人、スティーブ・シュワルツマンは中国の清華大学に多額の寄付をして、自らの名前のついたカレッジを設立している親中派。他にも故人だけど、エリオット・リチャードソンというフォード政権時代の商務長官が、ブラックストーンに関与していました。

つまりそういう変遷を経ていながらも、なおかつウォール街のファンド筋は中国でもうひと儲けを狙おうとしています。ところが二〇一六年末から様相が変わってきたのは、トランプが出てきちゃったこと。オバマがやってきたことをいまひっくり返しているわけだね。その結果、米中金融関係の先が少し読みにくくなっている。シュワルツマンはトランプの盟友でもあるけれど……。

河添　イギリスは、キャメロンが首相だった時代、「英国の未来を人民元の国際化に賭けている」なんて語っていますし、コンビを組んでいるオズボーン財務大臣も筋金入りの親中派でした。バリバリの親中政権がＥＵ離脱か否かの国民投票で撃沈した時には、個人的にはちょっとホッとしました。

宮崎　シティもシティで、Brexit（イギリスのＥＵ離脱）以降、中国から一方的にイギリスに資本は流入しているけれども、イギリスから中国には細々としたカネしか行ってないですよね。アストンマーティンのような自動車メーカーも、みんな中国に売っちゃったんじゃないの？　あれ合弁じゃないですよ。ほとんど権利を売ってしまった。つまりドイツの対中国アプローチと、イギリスのそれとはまったく違うよね。島国と大陸との発想の違いがある。

河添　二〇一四年に起きた香港の民主化要求デモ、雨傘革命の時には、香港大学法学部准教授らが発起人の民主団体が、「ウォール街を占拠せよ」を真似て、「セントラルを占領せよ（Occupy Central）」を掲げてデモに参加しました。香港のセントラルは、中国共産党の子女らが台頭する〝腐った金融街〟ですよ。

宮崎　汚いおカネは香港でみんな洗浄されて、そのおカネがイギリス領のバージン諸島へ行く。ここでは二万二千社の中国の会社が登録されていて、そのおカネが国際通貨に化けて、もういっぺん中国に戻って不動産と株投資をやっていた。『パナマ文書』でその実態が暴露された。しかし、いまや、中国の外貨準備は空《から》に近い。これは中国の自業自得ではあるんだけれど、やっぱり計算違いが生じていると思いますね。イギリスは香港・バージン諸島ルートによって、かなり潤沢に潤ってきた。それがいまになって、想定外の、つまり金融秩序破壊が起きつつある。

河添　江沢民はそもそもイギリス王室をひどく嫌っていました。一九九七年七月一日の香港の中国返還の式典で、横に並んだチャールズ皇太子が、後に「おぞましい、古びた蝋人形」と江沢民を酷評したことが露呈し、それに激怒したとか（笑）。一方、習近平は一九八〇年代半ばから福建省に勤務しており、イギリスと通じる東南アジアの華僑華人ネットワークを構築しつつ、イギリスとの関係を深めていき、出世していった人物とみています。

中国の指導者の交代も、米英のカウンターパートに少なからず影響します。しかもこの数年は、習近平体制を、敵陣の江沢民派が妨害してきました。習近平政権の失速を印象付けるため、国内のA株（中国国内で上場され、中国A株市場で取引されている株式。正式名称は人民元普通株券）に金融爆弾をお見舞いしましたからね。挙げ句、激しく乱高下しました。〝博打好き〟で覇権のDNAも包含する高級幹部の子女や孫世代は、ハイリスク&ハイリターンを追求する金融の魔力に取りつかれ、その一部は相当な〝実力〟を持っているようですから。

高速鉄道もそうですが、鉄道部（鉄道省）はそもそも江沢民派の利権で、鉄道部が解体され企業も再編となったことが混乱の一因で、鉄道を造れない状況に内紛させたりしてきたのが、この数年の出来事だと考えられます。

トランプ政権は、発足して半年経過しても大した業績をあげていない、誰々がクビになった、辞職したとメディアは騒いでいますが、中国の習近平政権は五年も経たのに、権力闘争という名の内戦状態ですよ。元幹部らが刑務所行きや鬼籍やら海外逃亡やら滅茶苦茶なのに、その実態をテレビや新聞は報じようとしません。

宮崎　中国への投資は、すべからくそういったリスクを伴っていることを多くの日本企業、日本人には認識しておいてほしいものです。いまからでも遅くないから、第二章で紹介した李宗吾の『厚黒学』を読むといい（笑）。

それで、その博打人生が行き着くところはどこかというと、マニュファクチャーというか製造業にも現れてきているわけですよね。流行りと聞いたらみんな同じものに飛びついて、同じものを作る。典型が風力発電。風力発電がエコロジーで奨励されて、スウェーデンかどこかから一～二機買って分解して、こうやりゃいいのかと思ってみんな作っちゃう。だから中国では風力発電メーカーが七十社ほどできた。挙げ句の果てに、その先のことを考えないわけ。いま生き残っているのは数社しかない。

なにしろ、風力発電をそこらじゅうに作ったけど、結局送電線につながってないのが三分の一もある。売電までの発想がないんだよ。風力発電の装置作ったら儲かる。それでうわーってやる。太陽光パネルも同じです。その時は、エコ政策で当局もそのメーカーに補助金を出した。でも、そこでおしまい。電力の配置とか供給体制とか総合的にどうするかを考えなくてはいけないのに、それを当局も考えたりはしなかった。なるようになるという甘い考えしかない。新幹線もその問題が出てきていますよね。作りすぎてもうレール敷くところがない。だから海外へ売りに行くんだよね。

河添　鉄道債はどうなるのかしら？

宮崎　あれ返す気ないですよ。

河添　やっぱり（笑）。

宮崎　償還期日はとうに来ていますよ。要するに二〇〇六年から北京《ペキン》・天津《テンシン》を開通させて、それで第一期の五年計画が、たしか日本円で八兆円。第二期計画で、いま二万二千キロ造りましたよ。これがざっと十兆円で、計十八兆円も投じているんですよね。

政府のプロジェクト予算はほんの少々で、あとはみんな鉄道債でまかなった。最初の年利はたしか八・五％前後。いま三・五％前後だと思いますけれど、五年据え置きで返済が始まっていますが、返済できないんだ。他に使っちゃったもんね。じゃ、どうなるって、さあ、どうなるんだろうね（笑）。

河添　鉄道債を買った一般人民が泣くだけですかね。しかも鉄道部（鉄道省）は解体され、企業も高速鉄道総公司に再編されて組織がグジャグジャに変わりましたから、「知～らない」ってなもんで、返さなくてＯＫ（笑）。

宮崎　鉄道債は国債ではなくても、強いて言えば国有企業の債権。日本で言うと何になりますか。ＪＴが出した社債とか、旧国鉄がＪＲになって東日本・西日本で上場した時に株を売り出したじゃない？　同時に社債を売り出した。まあ、社債ですよ。株だと株主に配当を返さなければいけませんから。一応、中国の高速鉄道公司は国有企業。だけど返さないですよね（笑）。返そうって発想が彼らにはありませんから。だから期日が来たら、また国有銀行に借りて、返済金に廻している。元利ともに膨らむ一方です。

河添　踏み倒した例は、五万とありますよ。再生可能エネルギー系も、あえて社名は出しませんが、社債を出して、償還期限になると倒産して終わり。わざとかなぁと（笑）。

ドイツの「遠交近攻」策と偏向メディア

河添　中国が掲げたＡＩＩＢや一帯一路構想については、満を持してだったと思います。というのも、江沢民時代からソ連崩壊後のロシアと中央アジア諸国をメンバー国とする上海ファイブを立ち上げ、二〇〇一年六月に上海協力機構（ＳＣＯ）へ昇格させ、オブザーバー国を増やしながら毎年、首脳会議を重ねてきました。そして胡錦濤国家主席が中心となりアジア版・ダボス会議のボアオ・アジアフォーラムを立ち上げ、規模を拡大させてきました。北京オリンピックや上海万博など、世界的イベントでのホスト国としての経験も積んでいます。世界金融機関へ人材を送り込み、専門家を育成し関係強化にも努めてきたわけです。

つまり、ＡＩＩＢ構想は、習近平国家主席の思いつきというより、中国がこの二十数年、脳天気な日本からの資本や技術を呼び込みつつ、アジア・太平洋の宗主国へと駆け上がる準備を、着々と進めてきた結果だと考えます。中国は、「ＡＩＩＢ設立に隠された利己的な動機はない。既存の国際経済秩序を補完するもの」などと発言しましたが、参加国がその言葉を額面通りに受け取るかは大いに疑問です。明らかなことは、中国共産党が、高速鉄道の売り込みをはじめ、周辺諸国のインフラ整備、資源開発など、実質的に〝経済領土〟の拡大を掲げるべく、ＡＩＩＢを発車させたことでしょうね。

宮崎　ＡＩＩＢで、英独はまだ稼ぐつもりらしく、債券格付けをムーディズなどがＡＡと太鼓判を押したので、中国はご満悦ですよ。ところがＡＩＩＢに融資審査などのスタッフはまだ百名も集まらず、韓国人副理事は辞任し、インドはパキスタンへの融資に正面から反対しました。発足一年になるというのに業務は低迷し、習近平の野望が挫折しています。二〇一六年十月一日に人民元がＩＭＦのＳＤＲ通貨と認められた直後から人民元の対ドル・レートが下落を開始したように、ＡＩＩＢも同様な道を歩む怖れが高くなったとみています。参加表明は日本とアメリカを除いて世界七十カ国以上ですが、資本金一千億ドルの内、二〇一七年七月までに実際に振り込まれたのは六十八億ドル（全体の六・八％）です。融資案件は少額が二件だけ、あとはＡＤＢ（アジア開発銀行）との共同融資です。

資本金を振り込むには、各国で国会承認ならびに批准手続きが必要です。参加表明はしたものの議会がＯＫしない国もあれば、議会承認を得ても、批准をしないために振り込まない国もあるからです。資本金を中国国内で調達することは可能ですが、人民元をドルに交換する必要があり、厳しく制限している外貨を自ら減らす真似も出来ないというジレンマに少なからぬ国が陥ったようです。こうなると、中国は次にＡＤＢの乗っ取りを狙うのではないかと、国際金融界に疑心暗鬼が広がっています。

マニラに本店をおくＡＤＢは一九六六年に創設され、資本金は日米両国が仲良く一五・六五％ずつ出しています。中国は六・四六％。スタッフは二千八百名を超え、専門職に日本人が百二十名います。しかも歴代九人すべて総裁は現職の中尾武彦、前が現日銀総裁の黒田東彦氏と日本人が務めており、中国に主導権を渡すとは考えにくい。しかし、日本人関係者へのハニートラップも要注意です。

また予測不能な中国ですから、銀行に貸し出しの抑制がかかればシャドー・バンキング、街金、ヤクザが絡むヤミ金融が栄えます。ＡＤＢ乗っ取り説の策源地は、こうした裏の金融ビジネスに慣れた香港の金融街です。

河添　先ほど出た、セントラル（中環）ですね。

宮崎　ともあれ、次にババを掴みつつあるドイツですが、「反日路線」を露骨にして中国と連盟し始めています。二〇一七年七月七日、G20（主要二十カ国・地域首脳会議）がドイツのハンブルクで開催され、「反グルーバリズム」を掲げ、NATO加盟国に防衛負担増大を迫るトランプを徹底的に排除しました。市内は大荒れとなり、トランプ大統領に反対するデモが暴徒化し、乱闘で警官百六十人が負傷する騒ぎとなったことは承知の通りですが、G20を伝えるドイツのメディアがいかに偏向していたか。

河添　日本の存在はないも同然で……。

宮崎　そう。第一に安倍晋三首相を完全に無視し、そこにまるで存在さえしていないような画面作りをやりました。一方で、テレビはメルケルと習近平がニコニコ握手し、親しく会談する場面ばかり。独中蜜月を強調していました。第二にトランプへの八つ当たり的な冷遇ぶりです。記念写真撮影でトランプは一番端っこ。冷遇ぶりが際立ちました。

第三に、ドイツは中国海軍に最新型の潜水艦を売却したほど軍事的関係が強い。

河添　二〇二〇年前後より、南シナ海を主舞台に潜水艦の配備ラッシュを迎えるとの話がありますよね。地域諸国の戦闘能力は、これまでの空・陸・海に水面下を加えた〝四次元〟になるとか。

いずれにしても独中の関係は、戦前を彷彿とさせます。ドイツは日独伊三国同盟を結ぶ直前まで蔣介石を軍事支援し、ソ連とは不可侵条約を結んでいました。習近平は蔣介石に似ているんですよね。アメリカに命乞いしたりと、行動パターンが。
ただ、四月の訪米以降、トランプ大統領の数々のツイート内容に、習近平は相当イラつき怒っていると思います。北朝鮮の暴挙を止められないこと、国内的にも軍を掌握していないこと、あれこれバラされたようなもので、習近平の面子丸つぶれですからね。だから、ドイツのメルケルさんと組んで報復したのでしょう。まったく、中国らしいイヤらしさ満載です。

宮崎　米独関係は、日独関係とともに不協和音が鳴り響き、腹いせにトランプはG20本会議を欠席し、替わりにイヴァンカを座らせました。イギリスのメイ首相が「おかしいんじゃない」とツイッターで表明したのですが、メルケルはホスト国なのに気にも留めず「よくあることよ」とね。トランプはその間、プーチン大統領との話し合い。かくして日米を袖にし、熱烈歓迎を習近平に行ったドイツの思惑はどの辺にあるのか？

河添　思惑以前に中国依存症なのかなぁと。麻薬と一緒です。一度、その世界に足を踏み入れるとやめられないって世界です。情けない！

宮崎　いま、ドイツは苦境にたつフォルクスワーゲンが中国で年間三百万台を生産しています。これはドイツ本国より多いのです。ウルムチ、成都、広州など中国に八つの工場を展開し最大のマーケットでしょう。ついでBMWも瀋陽に第二工場を建設し、ベンツも然りで、これほど中国市場にのめり込んでいるのもドイツの地政学的判断でしょうね。ドイツにとって安全保障上、正面の敵はプーチンのロシア。従ってその背景地にある中国とは、「遠交近攻」策を用いようとしており、AIIB、人民元に極めて前向きとなっているわけです。

上手くいかない一帯一路

宮崎　それでおそらく致命傷になるのは、一帯一路《いったいいちろ》ですよ、シルクロード。これでいまのところ二十六兆ドル出すとか大きなことを言っているけれど、上手くいっているところは一つもないんじゃないかな。中国はオーストラリアにも秋波を送っているけれど、乗り気じゃない。パキスタンはなんかテロが激しくて、間もなく工事中断の恐れが高い。ジブチはいま一万人の軍事基地を造っているけど、これはどうなるか分からない。中東も揉め始めましたからね、サウジとカタールは断交。

そうすると、世界的に中国がプロジェクトをやっている中で、成功しているというのはカザフスタンからのパイプラインぐらい。鉄道輸送がロンドンまでつながりましたけれど、ロシアを通過しないから、ロシアがむくれているでしょ。それで輸送なんていうのは別に微々たる収益しかあがりませんしね。

河添　それでも、ブロック経済圏のイニシアティブを取っていくつもりでしょうね。

宮崎　ただ、この大風呂敷が失敗したら諸外国の信任、信頼を中国は一気に失いますよ。習近平は、そこまで考えてないと思うんだよね。

河添　失敗なんて言葉、中国政府に存在しないでしょう（笑）。日本人にとってトンズラなんて大恥ですが、お金をくすねて逃亡すれば、中国の場合は成功でしょうからね。ソ連崩壊後、中国とロシアは中央アジアを取り合ってきたから、プーチンからすれば心穏やかでなく、注意深く見守っている場所でしょうね。

宮崎　たいへん不愉快でしょうな。だってまず新疆《しんきょう》ウイグルに一番近いのがカザフスタンでしょ。カザフスタンと関税同盟をロシアは結んでいますよ。

河添　関税同盟を結ぶロシアとカザフ、ベラルーシ三国は、農工業など主要部門で協調政策を取る、ユーラシア経済同盟を発足させていますね。そこに、アルメニアも加わっています。一方、二〇一四年十二月には、中国とカザフ両国が高速道路や鉄道整備など、総額百億ドルに達する約三十のインフラ整備プロジェクトにも調印しました。

宮崎　そこで、中国はカザフスタンに鉄道を通しちゃった。面白い話は、国境にフリーゾーンを作ったんだよ。

河添　ホルゴス国際辺境合作センターですね。両国の国境をまたいで、共同運営という稀有な方針からも注目を集めました。倉庫や輸送など、その規模を拡大させているようです。

宮崎　中国のウイグルのほうは、例によって高速道路が出来て、ニュータウンができて建設ブーム。一方カザフスタンのほうは砂漠ですから、ショッピングモールは一軒だけできたんだけれども、人がほとんど来ない。屋外のマトン料理の屋台だけにぎやか。溢《あふ》れる中国製品というのは安物の衣料品だけで、これはカザフスタン国内から買い付けに来るんだけども、それももう先細り。

ロシアが中国と国境を接している中で、極東では一番東寄りのところにスイフェンガという都市があるんですよ。二十年前に私が行ったとき人口七万人。四年前に行ったら人口二十万人。これみんな貿易で儲けているの。ロシア人は大きな行李《こうり》を背負って買い付けに来て、そのまま列車で帰るんですよ。買い付け市場とでもいいますかね。戦後まもなくの、日本人の買い出しみたいなもの。そういう場違いの繁栄をしているところもあるけれど、たいがいのところは失敗していますよね。

河添　中国が十数年、関係強化に心血を注いできた国の一つが、上海協力機構（ＳＣＯ）のメンバーで、中露などと長い国境を接する中央アジアのカザフスタン共和国ですね。カザフの国土面積はオーストラリアに次いで世界第九位、内陸国では世界最大で、人口は千七百万人ほどですが、石油や天然ガスなどエネルギー資源や鉱物資源が豊富な資源大国ですからね。カザフはソ連の末期からずっと、ナザルバエフ大統領がトップ。もう喜寿になりますね。

宮崎　ピンピン、大丈夫よ、健康状態。アメリカの未来学者だったハーマン・カーンじゃないけど、通称、ナザル・カーンなんだよね。

河添　日本とカザフの関係は？　と言えば、意外に知られていないですが新首都アスタナの基本設計を建築家の黒川紀章氏が担当したり、エリート養成機関として二〇一〇年に開学した、ナザルバエフ大学の初代学長に勝茂夫・世界銀行前副総裁が就任したり、関係は良好なんですよね。宗教指導者会議には、日本全国神社組織「神社本庁」の代表者も参加していますよ。
ただ、カザフが期待するほどの経済関係に両国が進展しない、ということなんでしょうね。ちなみに、カザフの有識者からは、「旧知のロシアの出方は分かるが、中国には戦々恐々としている」との不安の声も漏れているようですね。

宮崎　カザフの隣がウズベキスタン。ウズベキスタンは要するにＩＳのテロ集団も入っているけど、鉱物資源とガスが少々出る。それで中国はかなり買い付けしているけれども、プーチンにとって目障りで面白くない。だからウズベキスタンのカリモフ大統領が、二〇一六年九月に死んだ時、プーチンは慌ててサマルカンドに弔問《ちょうもん》に飛んでいきました。そういうふうに、プーチンは、中央アジアにおける巻き返しをやっている。そういえばキルギスで、二〇一六年の八月に中国大使館が自爆テロでやられたでしょ。それほど中国の進出を、快く思っていないキルギスの民がいるというわけです。タジキスタンは例外で、たしかいま十五万人ほど中国人が入っていて、ロシアの影響力はちょっと小さい——。遠隔地だから。

河添　トルクメニスタンは……。

宮崎　トルクメニスタンは、中国からガスを買ってもらっているね。それからあそこは永世中立国だから、プーチンの言うこともまったく聞かない。トルクメニスタンはニヤゾフ（サパルムラト・ニヤゾフ）という独裁者（終身大統領）が五年前に急死して、庶子（グルバングル・ベルディムハメドフ）が大統領になったけれど、ここも面白いですよ。

行ってみて分かったけれど、北朝鮮とまったく同じなの。ほぼ一党独裁国家。大統領選挙をやったら九七％の得票率で当選だからね。閣議をテレビ中継しているけど、閣僚は誰も目を合わせることなく独裁者のコメントを必死になってメモしていますよ。

ただ、独裁といっても、みんなスマホを使っているし、英語は通じるし、移動の自由もあるし、自由な生活をしているね。トルクメニスタンはだから朗らかな独裁的首長体制、つまりサルタンの昔に戻っただけ。北朝鮮は陰湿な独裁ですから、その違いはあります。

国内外に広がった偽札

河添　中国の経済、政府や関係当局が発表する数字を私がどうしても信じられない最大の理由は、企業の帳簿が二重三重であること、そして偽札の氾濫があります。中国であれだけ偽札まみれになったのは、悲しいというか皮肉ですが、日本が悪いんじゃないかとすら思ったり。北朝鮮のスーパーK（偽百ドル札）が世界に流布し、人民元の偽札が国内に流通するようになった背景には、間違いなく印刷技術が関係していますよね？

特定失踪者の中に、印刷技術を持った方も多かったと聞いたことがあります。日本製の精巧なコピー機を悪用して偽札作りをせっせとした結果が、いまに至っているのではないかしらと。

宮崎　ホリエモンが捕まったのは、たしか二重帳簿か何かの不正経理でしょ。日本では二重帳簿というのは犯罪なんですよね。中国は二重帳簿というのは常識で、だいたい三重。

河添　普通は三重ですよね。正しいのは、自分が一族や愛人の名前で秘密につくった海外の銀行口座の中身でしょ。

宮崎　税務署用、一つは銀行用、もう一つは自分だけしか知らない本物の帳面。企業決算も同じ。株主用、銀行用、自分用。それから偽札ね、ドイツの印刷機も入っていますよ。偽札の地下工場は広東省だけでも二カ所ほどあったんだけど、一カ所は手入れが入って潰された。

それからもう一つは、「人民元は世界的通貨か？」と問われれば、これも広義で言えば、ある種の〝偽札〟ですよ。共産党の毛沢東と国民党の蔣介石の政争に由来して、お互いに後方地に相手の偽札をばら撒《ま》き、強圧的なインフレを人為的に作り出して攪乱《かくらん》した歴史がある。偽札合戦は、戦争の通貨戦争の一番の基本。互いにそのノウハウを知り尽くしているから、中国政府はそのノウハウを引き継いでずっと偽札を造っているわけで〝勘定〟に入っている。「キツネが木の葉を化かして偽札にして、買い物をしているというのが中国の人民元じゃないんですか」と言ったら、「いや、そこまで言うのは酷すぎますよ」って反論されたこともあるけれど、現実にはそうじゃないの？　バレた時に世界中の損害というのは大変なもんだと思うけれどね。

河添　少なくともシティやウォールストリートの中枢は、そういったカラクリを含め知っているというか共犯者のはずです。嘘の上に嘘の数字が乗っかり、嘘、嘘、嘘、偽、偽、偽……の連続ですから、その「嘘」と「偽」に加担している立場ではないかと。

宮崎　自分たちが偽札を掴んだら、すぐに本物と替えようとするでしょ。河添さん何回ほど偽札掴まされた？

河添　度々（笑）。百元札が一番危ないって聞いたから、なるべく百元札を受け取らないようにして、五十元札を二枚にしてほしいって言うわけです。
宮崎　いや、五十元札の偽札も多いよ。
河添　ＡＴＭからも偽札が出てきますからねぇ。
宮崎　その偽札、ババをどうするの？
河添　支払いの際、トライしてみてダメって引っ込められたら、別のところでそれを使ってみたりと繰り返すしかなかったです。
宮崎　なるほど。みな同じことをやっているわけだよね。
河添　トランプのババヌキみたい。透《す》かしがあるかどうかとか店員さんも確認しますからね。
宮崎　〝ババ紙幣〟を満員のバスとか、忙しそうな食堂のレジで使おうとするわけ。でも「お客さん、これ偽札」って見破られて、返されちゃうことが多いよね。それほど、生活の中に偽札が溶け込んでいる。先進国では考えられないですよ。
河添　偽札も精巧になったのかな。紙の質を含めて。笑っちゃったのが、数年前ですが、企業の定年退職者の退職金が銀行への振り込みではなくて、銀行で現金を受け取ったことから起きた事件が報じられました。退職者は指定された銀行へ行き、百元札の束を受け取り帰宅したそうです。よくよく見たら、その百元札の番号、すべて一緒だったのです。偽百元札の写真と共に、報じられていました。その銀行と企業は完全にグルですよね。

偽札を受け取ってしまった退職者が、銀行に行き「偽札だから取り替えてほしい」と訴えるわけです。ところが「ウチがそれを出した証拠はない」と。日本ではあり得ないようなことが、中国では一般ピープルの身に起こります。穏やかには暮らせないですよねぇ。

宮崎　だから近年ホテルとか一流レストランでは、偽札発見器を置いているんですよね。札束を数える時に使うけど、この偽札発見器にもニセモノがある（笑）。カチャカチャと動いて、「はい、これは本物」って出てくるのが偽札ばかり。日本の松村テクノロジーが、偽札識別機のパイオニアで中国にも輸出されている。それを使えばいいんだけど、それを真似していい加減な偽札発見機を作っているメーカーが、中国には十社ほどあるんじゃない？　つまり偽札発見機がニセモノだから、永遠に偽札文化はなくならない（笑）。

河添　いたちごっこですね。中国はとにかくニセモノばかりだから！　宮崎さんが前におっしゃっていたけど、造幣局《ぞうへいきょく》で作るけどナンバリングを入れないニセ札があるんですよね（笑）。

宮崎　そうそう、当局の横流しが疑われています。

河添　東南アジアで二十年以上、仕事をして住んでいる日本人の方から聞いた話ですが、「偽札を刷り続けることを了承しているのは、イギリスだ」って言うんですよ。裏は取れませんが、その方は華僑華人と仕事をしていて、彼らがそう言っているそうなんです。

宮崎　イギリスは、植民地で独自通貨を発行していた歴史があります。イギリスの植民地の中で、独自の通貨を持てたのは、南ア（クルーガーランド）、カナダ（ドル）、オーストラリアとニュージーランド（ドル）ほど。あとは現地通貨を発行したけども、弱いでしょう。ビルマ（ミャンマー）に至っては、高額紙幣を突如廃止したり大変。独自通貨を守っていたのは、インド（ルピー）ですが、これも弱いですね。

　だからシティのマーチャント（商人）どもの企みというのは、もの凄く根が深いというか、構想力が壮大と言うべきか、やっぱり植民地を二百年支配したノウハウは、まだまだ衰えていませんよ。

人民元の凶器が暴露される時

宮崎　問題は、そこまではだいたい世界中の金融資本家たちも了解はできているんだけども、その先がどうなるか分からない。というのは、通貨の強弱というのは為替レートで言うと、経常収支と金利で決まる筈なのですが、人民元はその要素を度外視している。勝手に輪転機を回してお札を刷っている。それに暴落というか、年初来二〇％も人民元は下落しています。日本円で一元は、二十円から十六円ほどになっているけども、経済原理から言えば、発行した通貨の量と対外負債を勘案《かんあん》すると、いま一人民元の適正レートはおそらく十円ほどですよ。それがなぜ十六円の高みにあるのか。これ不思議でしょ。

円換算で、中国人民はいま金融資産が千八百兆円ほどあることになっている。借金は三千三百兆円ほどある。だから中国のいまのＧＤＰに対して三〇〇％ほどで、これはまだコントロール可能であるという。しかし、対外純債務と対外債権とのアンバランスで言うと、対外純債権が三兆ドルほどですが、対外債務はもうちょっと多い。そうなるとバランスが崩れるんだけれども、全体の借金のうち、外国から借りているのはまだ非常に小さい。つまり負債の対外依存度で言うと、韓国に比べると、全然少ない。

河添　少ないですよね。韓国の財政はほぼ破綻していますが。

宮崎　一番の典型がベネズエラ。もう破産しかけていますよね。インフレが何しろ千六百倍。ベネズエラの対外債務がたしか六百五十億ドルかな。その内、四百億ドルは対中国なんです。そうすると当然自国通貨の価値はどんどん低下していくから、破産はもう目に見えてる。ちなみにベネズエラの通貨ボルバリは、二〇一七年八月末時点で二六〇分の一以下に下がっています。

河添　中国は破産させるために貸しているんですよね。中国っていつもそういう方法です。小さな国に貸しまくって、潰していくと。

宮崎　とはいえ、中国にとっても、それなりの不良債権になりますからね。

河添　国ごと〝債権〟として乗っ取れるから平気なのでは？

宮崎　いや、中国の対外債権が自動的に不良債権になるから、やはり困るはず。ドル建て負債になってしまうから。

河添　十八番の帳簿、改ざんは無理なのですか？

宮崎　お得意のもみ消しは国内でならできるけど、対外的にはできませんよ。ドルで借りているんだから。つまり中国の国内の金融で言うと、銀行の不良債権はみんなある日突然徳政令《とくせいれい》（注1）で再建機構かなんかに帳面を移し替えるからごまかせる。中国の銀行はいつまで経っても不良債権率はわずか一・四％ほど。ほんとは八〇％ほどあるはず（笑）。

注1　徳政令　日本の中世に行われた売買、貸借、質入れなどの対象となった土地、金、品物などを、無償で返却させる法令。鎌倉幕府《かまくらばくふ》や室町《むろまち》幕府が御家人《ごけにん》の窮乏を救う目的で発令したが、のちには土一揆《つちいっき》で要求されて発令するようにもなった。また、必ずしも幕府からだけでなく、守護大名《しゅごだいみょう》などが出すこともあった。

永遠に続くパンドラの箱

河添　だから〝ごまかしのスキーム〟があるはずだと私は信じています。中国の四大商業銀行は、フォーブスが毎年選ぶ「世界の有力企業二千社ランキング（グローバル2000）」で上場以来、常にランキング上位に食い込んでいます。二〇一六年五月に発表されたランキングでは、一位は四年連続で中国工商銀行、二位、三位は前年と同様、中国建設銀行、中国農業銀行、六位が中国銀行なのです。

宮崎　そうそう、不思議でしょ。

河添　あり得ませんよ。だって中国の金融業界は、二十年以上前から腐りきっていました。一九九三年十一月、朱鎔基《しゆようき》首相は自ら中国人民銀行の総裁に就任し、金融改革を宣言しましたが、人事刷新するため任命した上層部も、次々と犯罪に手を染め失脚しています。温家宝が首相に就任した二〇〇三年三月、早々から力を注いだのは金融システムの整備により国際金融市場に適応する金融体制を構築することでした。

ところが、同年八月に関係当局が国務院に提出した報告書には、「全国金融業界の不良債権を審査したが、正確な数字の提示が困難」「各金融機関の会計が大変に不透明であり、資金の不正流出が継続している」「政府機関の裏口座の残高が上昇している」などの内容が記されていたのです。

二〇〇五年十月には、失踪事件も起きました。「中国四大銀行の支店長・副支店長ら四十二人が香港経由で海外に集団逃亡。不正に持ち出された資金は、最低七百四十億元と二十二・三億ドルに上る」と報じられたのです。香港金融機関の視察や研修を理由に、支店長らが各々のグループで香港に渡り、その後、国慶節の休暇と偽り海外に出国してそのままトンズラ。逃亡先はオーストラリアやニュージーランド、北米などで、逃亡者の家族の大半は現地で待機しており、金融官僚らによる組織的かつ計画的犯行とされました。

宮崎　百億円近く横領して、カナダへ逃げ込んだ事件がありましたね。中国銀行開平《カイピン》支店の元支店長の身柄の引き渡しをめぐって、二国間の政治問題にも発展しました。

河添　はい、カナダ国民の間でも「犯罪者はさっさと返せ」など侃侃諤諤《かんかんがくがく》となりました。十数年前からすでに、「工商銀行、建設銀行、農業銀行、中国銀行の四大国有商業銀行の累計不良債権額は天文学的数字」とされ、なおかつ金融エリートがごっそり持ち逃げ。

日本の常識からすれば〝経済犯罪者集団〟であり〝腐敗者集団〟でしかないわけですが、四大商業銀行の株式上場を目指していた中国は、アメリカの銀行に主幹事の担当を依頼するなど、「手取り足取り指南」してもらうことで株式公開にこぎつけたのです。

一体全体、どんなウルトラCを使ったのでしょう？　上場前に、ゴールドマン・サックスなどの金融専門家とあれこれ操作したわけですよね。米中には金融業界には〝黒いものを白くする〟秘密のスキルがあるようです。

宮崎　そう。不良債権は〝徳政令〟で全部帳消しにして、ＡＭＣ（いわゆる「銀行再建機構」）。事実上の「資産管理会社」）に移している。しかし、また次の不良債権が生まれてくる。それをまた〝徳政令〟で隠す。

河添　黒は白にならないから、永遠にパンドラの箱が続いていきます。

宮崎　ただ移し替えても、負債として巨額で残るのは変わらない。前述した通り、いま中国の負債は総額で日本円に直して三千三百兆円あるだろうとウォール街の有力筋は分析しています。これ小生から見ると、まだ少ないんじゃないかなと思う。もうちょっとあるはず。それを、中国の国民の金融資産がかなりカバーしている部分がある。それからもう一つが対外債権をあるかのように見せかけているということ。これで人民元の暴落をかろうじていま防いでいるといえる。

この人民元の〝実態〟がどこで暴露されて、経済の暴落が起きるかと言うと、やっぱり対外債務の爆発だと思う。つまり対外債権がいま不良債権化しつつあるわけ。そうすると、これは一転して債務になるわけだから、この借金は外貨準備があれば返せるけれど、いま事実上、中国の外貨準備はありませんからね。

表向きの発表で三兆五百億ドル（二〇一七年七月末）あると言っているけれども、そんなにないでしょ。だって外貨持ち出しは禁止、五百万ドル以上の現金の送金停止、五千万ドル以上の企業買収停止となっているんだから。だからみんな軒並み買収も止まっているでしょ。それで銀聯《ぎんれん》カード（デビットカード）は海外では一日十六万円ほどしか引き出せない。

事実上の外貨持ち出し禁止なんですよ。そうするといま、日本に来ても〝爆買い〟はできない。〝爆買い〟をしている連中はみんな地下銀行のカネでやっている。池袋やチャイナタウンへ行くと、街の両替所で人民元を日本円に換えてくれるから〝合法的〟にあそこで調達しているんですよね。

河添　世界が何かを禁じても中国政府は裏ワザを編み出し、さらに中国政府が何かを禁じても、人民は必ず裏ワザを持ちます。

宮崎　流通している通貨の二〇％は偽札って話だけれど、銀聯カードが出てきて、ネット決済が増えて、偽札を使う量が減ってはきたよね。闇取引き以外、偽札の需要がなくなってきたけど、今度はビットコインが出てきたでしょ。

河添　インターネット上で流通する仮想通貨ですね。金融当局の規制を受けず、ネットワークなどを通じて相手と直接取引を行えるみたいですね。ビットコインの取引の八、九割は中国という話ですね。

宮崎 たとえが悪いけど、天下の偽札の権化みたいなもの。これがいま中国で決済手段のかなりの部分占めてきたわけですね。つまり、ビットコインが偽札を代替《だいたい》して、ヤミ経済ではなく正々堂々と実体経済を支えるようになってきた。そうすると地下経済を仕切るギャング団は、今後はどうやって食い扶持《ぶち》を求めていくのやら。

ビットコインのような架空通貨、いま類似通貨が百種類ほど出ているよね。日本でも東京三菱ＵＦＪがいわゆるビットコイン業界に参入したりしていますが、なぜ中国は自分たちで架空通貨を作らないで、ビットコインに依存していこうとするのか。これ一つの不思議。制度を悪用する悪知恵にかけては天下一品なんだけれど、新しい制度を作るという独創的な能力がない。八月一日にビットコインは分裂し、中国勢はＢＣＣ（ビットコインキャッシュ）を出し始めました。

二番目は、あれだけ強がりを言って、人民元が世界金融秩序をリードするなんて言いながら、共産党の幹部はみんなドルをほしがるのは、これはなぜ？　不思議でしょ。不思議なことばっかりだから、中国なんだけどね（笑）。

河添 不思議じゃないです。だって、中国人支配層が最も信用していないのが中国だから（笑）。それにしても「偽」やら「仮想」やら、中国経済は、やっぱりわけ分かりません。習体制でトラやハエを叩こうが、世の中が透明なガラス張りになるどころか金太郎飴状態で次々と黒い顔が出てきますしね（笑）。それなのに世界は〃ブラックな中国〃に擦り寄ります。世界の新常態は〃インモラル〃なのかしらと思っちゃいます。

宮崎　いつの日か途轍《とてつ》もなく、どでかい破綻が来るでしょう。

おわりに　世界で唯一無二の〝楽園〟日本のこれからは？　河添恵子

中国共産党幹部にとって、二〇一七年の夏はとりわけ暑かったはずです。

最高指導部が大幅に入れ替わる五年に一度の党大会を秋に控え、引退した大物長老も含めた幹部が河北省の避暑地、北戴河《ほくたいが》に集まり、非公開の会議で人事を固める重要な時期だったからです。一部の中国語メディアは、習近平国家主席が宿泊する豪華別荘「ゼロ号」には、暗殺防止のために防弾ガラスが設置され、習主席が海水浴をする際には、厳格な審査を経て選抜された二百人以上の水上警察官が警護にあたっている、と報じました。

習近平体制が船出して五年、習主席は権力掌握と勢力拡大を目指し、盟友の王岐山・党中央規律検査委員会書記（序列六位）とタッグを組み、「トラもハエもたたく」の掛け声で、宿敵・江沢民派の大物を次々と刑務所や鬼籍へ送り込む〝死闘〟を繰り広げてきました。

二〇一六年十月の党中央委員会総会で、習近平は、鄧小平や江沢民と並ぶ「核心」の地位を得ましたが、依然として「権力の掌握ができない」というジレンマを抱えています。習政権が掲げた夢は「中華民族の偉大なる復興」ですが、習近平の夢は「江一派の無力化」であり、いまだ道半ばだからです。

習主席の不安・焦燥は、それだけではありません。

四月の米中首脳会談で、習主席は、北朝鮮の「核・ミサイル」対応をめぐり、トランプ大統領から「百日間の猶予」を取り付けましたが、七月中旬までに〝宿題〟をこなせませんでした。北朝鮮と直結するのは江沢民一派であり、習近平は国家主席に就任後、金正恩と面談すらしておらず、何ら力を持っていないためです。北朝鮮は五月、「中国が中朝関係を害している」と初めて名指しで批判しました。これは建国以来の「兄弟国」中国に対してではなく、習近平や習一派への罵倒と読み取るべきです。金正恩は強硬姿勢を崩さず、ミサイル発射を繰り返しています。

こうした中で、ロシアのプーチン大統領の存在感が際立っているようです。

中国共産党最高指導部「チャイナセブン」(中央政治局常務委員七人)のうち、四月に、江一派の張徳江・全人代常務委員会委員長（序列三位）と、張高麗副首相（同七位）が訪露し、プーチン大統領と会談しました。習主席も七月、二泊三日でモスクワ入りし、プーチン大統領と複数回、会談しました。これほど短期間に「プーチン詣で」が続いた背景には、北朝鮮問題があるはずです。

北朝鮮は一九六一年、旧ソ連と軍事同盟の性格を持つ「ソ朝友好協力相互援助条約」を締結するなど、両国は古くから特別な関係にありました。プーチンは大統領就任直後の二〇〇〇年、ロシアの最高指導者として初めて平壌を訪れ、正恩の父、金正日・総書記から熱烈な歓迎を受けました。この二年前、北朝鮮は「人工衛星の打ち上げ」と称して、事実上の中距離弾道ミサイルを発射しました。北朝鮮のミサイルは、旧ソ連の技術が基盤とされます。

プーチン大統領の訪朝後、ロシア下院は「露朝友好善隣協力条約」を批准。金正日は二〇〇一年以降、公式・非公式で何度も訪露するなど「プーチンとの関係強化に邁進します。その一方、瀋陽軍区（現北部戦区）とのつながりも深めていきます。江沢民派、とりわけ吉林幇の牙城、瀋陽軍区はアメリカや日本の最先端技術を盗み、金王朝と連携して「核・ミサイル開発」を進め、資源や武器、麻薬など北朝鮮利権を掌握したとされます。

江沢民派と敵対する習一派としては、北朝鮮のミサイルの矛先が北京・中南海（中国共産党中枢）に向かないよう、プーチン大統領との「特別な関係」に注力しながら、江一派の〝無力化工作〟に心血を注いでいるのです。

習主席がモスクワ訪問中の七月、北朝鮮はＩＣＢＭ（大陸間弾道ミサイル）を発射しました。訪露にあたり、習主席は「百十億ドル（約一兆二千百七十億円）規模の経済支援」という手土産を持参しました。北朝鮮をコントロールできない苦境を物語っているようです。

これに対し、プーチン大統領はロシア最高位の「聖アンドレイ勲章」を習近平に授与しました。習近平を手下にしたつもりでしょうか？　ロシアはすでに、北朝鮮を抱き込んでいると考えられます。

北朝鮮の貨客船「万景峰号」は、北朝鮮北東部・羅津と、ロシア極東ウラジオストク間を定期運航しています。真偽は定かでありませんが、プーチン大統領が送り込んだ旧ＫＧＢの精鋭部隊が、金正恩の警護や、北朝鮮人民軍の訓練にあたっているという情報もあります。一連の危機で〝漁夫の利〟を得るのは、間違いなくプーチンでしょう。

そして九月三日、北朝鮮はＩＣＢＭに搭載可能で「かつてないほどの威力」を備えた水爆の実験に成功したことを発表しました。同日は中国主催のＢＲＩＣＳ（新興五カ国）首脳会議の事実上の開幕日で、二〇一六年九月と今年五月にも、北朝鮮は中国主催の国際イベントの開催中に弾道ミサイルを発射しており、習主席は少なくとも三度、顔に泥を塗られた格好です。

米朝関係のみならず、中朝関係の異変――敵モードは、誰の目にも明らかなはずです。

さて、宮崎正弘さんと私。台湾人脈つながりでお知り合いとなり四半世紀を経ましたが、この度、ようやく対談本を出す機会を得ました。長年にわたり〝超多産〟な宮崎さん（笑）を、いつもすごいなぁと尊敬してきました。そもそも、タイトルや副題に「中国」を含む書籍をこれほど多く、複数の版元から上梓されている方は他にいらっしゃるのでしょうか？　私には宮崎さん以外、名前が浮かびません。

しかも、十数人での食事会や飲み会で遅くまでご一緒する機会が多々あるわけですが、翌朝も普段通りにメルマガを発信しています。「昨晩、たくさん飲んで煙草を吸っていたのはクローンの宮崎さん？」と思っちゃうほど、ストイックでパワフルなのにも驚きます。最近、お聞きしたら、「普段は夕ご飯を食べたら八時や九時に寝て、そして朝の四時や五時に起きる生活だよ」とのことで、少し安心しましたが（笑）。

この度の対談のテーマは、中国人の特性や若者の恋愛事情、教育事情、世界のチャイナタウンや移民問題、朝鮮半島有事と米中露の裏舞台、中国内部の権力闘争、金融や経済、ＡＩＩＢ（アジアインフラ投資銀行）、一帯一路、ＡＴＭからも出てくる偽札、そして仮想通貨のビットコインまでと多岐にわたりました。チャイナ・ウォッチャーとして第一人者の宮崎さんのウィングの広さ、柔軟性をあらためて感じつつ、私も独自のアングルからの取材や情報、感性（オンナの勘！）で、とことん自由にお話をさせていただきました。

人民元や中国経済の話題になると、ますます理路整然とお話される宮崎さんに対して、私は中国の数字にはフェイクしかなく、その嘘や虚実に米英も都合よく加担しているし、小国も札束外交でかしずいているし、ハナから「何でも操作国」だと思っているので、考えというか思考の角度がズレるのですが（笑）。

この度、日本と中国、日本人と中国人の違いなど、比較文化にまで話が及び、その後、あらためて感じたのは、「日本人で本当に良かった」ってことです。緯度と経度が少しズレてこの世に生まれ落ちていたら……。動物（商材のパンダ以外！）でも〝悲劇の生涯〟になりかねません！

その上で、中国の拡張主義、覇権主義の歩みは変わらないどころか加速度を増しています。世界で唯一無二の〝楽園〟日本が、これからも日本のままでいられるのでしょうか？　そんなことを危惧もしながら、真面目に、そして楽しく、これからも言論活動を続けていかれればと願っている次第です。

＊＊＊

最後に、『歴史通』の編集長で、この度の対談本をご担当くださった仙頭寿顕様と神岡安紀子様、そして毎月のようにお世話になっている雑誌『ＷｉＬＬ』の立林昭彦編集長や齋藤広介様にも、心からの御礼を申し上げたいと思います。

何よりも、本が売れますよう！

宮崎正弘（みやざき・まさひろ）
評論家。1946年石川県金沢市生まれ。早稲田大学中退。「日本学生新聞」編集長、雑誌『浪漫』企画室長を経て貿易会社を経営。82年に『もうひとつの資源戦争』（講談社）で論壇へ。以後、世界経済の裏側やワシントン、北京の内幕を描き、『ウォールストリート・ジャーナルで読む日本』『ウォール街・凄腕の男たち』などの話題作を次々に発表し、政治、経済などをテーマに独自の取材で情報を解析する評論を展開。中国ウォッチャーとしても知られ、全省にわたり取材活動を続けている。著書『日本が全体主義に陥る日』（ビジネス社）、『いよいよトランプが習近平を退治する』（共著・ワック）、『激動の日本近現代史』（共著・ビジネス社）ほか多数。

河添恵子（かわそえ・けいこ）
ノンフィクション作家。㈱ケイ・ユニバーサルプランニング代表取締役。1963年千葉県松戸市生まれ。名古屋市立女子短期大学卒業後、1986年より北京外国語学院、1987年より遼寧師範大学（大連）へ留学。1994年に作家活動をスタート。2010年に上梓した『中国人の世界乗っ取り計画』（産経新聞出版）は、ネット書店Amazon〈中国〉〈社会学概論〉の２部門で半年以上、1位を記録するベストセラー。主な著書は『トランプが中国の夢を終わらせる』（ワニブックス）、『豹変した中国人がアメリカをボロボロにした』『だから中国は日本の農地を買いにやって来る　ＴＰＰのためのレポート』（共に産経新聞出版）、『「歴史戦」はオンナの闘い』（共著・ＰＨＰ研究所）ほか多数。

中国・中国人の品性

2017年９月29日　初版発行
2019年９月８日　第３刷

著　者　宮崎 正弘・河添 恵子

発行者　鈴木 隆一

発行所　ワック株式会社
東京都千代田区五番町 4-5　五番町コスモビル　〒102-0076
電話　03-5226-7622
http://web-wac.co.jp/

印刷製本　図書印刷株式会社

ISBN978-4-89831-762-4